什么是法律人类学

What is Legal Anthropology?

刘顺峰
王伟臣 —— 主编

北京大学出版社

作者简介

刘顺峰 法学博士、人类学博士后,湖南师范大学法学院副教授,主要从事社科法学、法律人类学研究。近期关心的议题包括:法律人类学知识谱系中的"关键词"、中国法律人类学学术史、司法裁判的人类学范式等。

王伟臣 法学博士,上海外国语大学法学院副院长、副教授,主要从事法律人类学、比较法律文化的研究。近期的学术工作主要有:梳理法律人类学国际传播史,主持法律人类学经典阅读系列。

熊 浩 法学博士,复旦大学法学院副教授,主要从事非诉讼纠纷解决和法学交叉学科研究。法律人类学面向的相关研究主要以云南为田野,研究旨趣聚焦基层司法的过程研究、边境纠纷与政教关系的人类学考察。

孙 旭 人类学博士,重庆大学人文社会科学高等研究院副教授,UCR人类学系访问学者。主要研究方向:历史人类学、政治与法律人类学、攀岩运动。近期关心的问题包括:跨学科视野下的西南山地开发与乡村建设、中国山地民族的口承传统与历史意识、现代攀岩在中国的发展与攀岩者的精神生活。

郭 婧 法学博士,人类学博士后,贵州民族大学法学院副教授。主要研究方向:法律人类学、民族法学。近期关心的问题包括:风险治理法治化、日常生活中的法律意识、法律人类学认识论等。

尹 韬 挪威奥斯陆大学社会人类学博士,哈尔滨工程大学人文社会科学学院副教授。主要研究领域为政治与法律人类学、中西人类学比较和知识人类学。近期关心的问题包括:"戏曲普法"的人类学意涵、"燕京学派"的法律人类学研究、非虚构文学与民族志写作。

序一：
走入法律人类学的世界

张晓辉

最近几年，在一批中青年学者的推动下，我国法律人类学学科呈现出一派欣欣向荣的景象，有更多的学者和学生参与到法律人类学的推广、学习和研究中来，让法律人类学成为社科法学和人类学领域的显学之一。

法律人类学是一门很特别的学问；从法学的视角来说，它是运用人类学的理论与方法研究法律现象的学问；从人类学的视角来说，它是把法律作为社会生活的一部分，从社会整体上研究社会的法律事实，从社会的多样性中反思自身社会所存在的法律问题的学问。就我的经验而言，这两种视角都是法律人类学需要的视角，作为有法学背景的人，可以先掌握法律人类学的法学视角，再尝试运用法律人类学的人类学视角。当你能把法律当作社会生活中的社会事实来观察、思考和研究时，就把握了法律人类学的真谛。作为有其他学科背景的人，直接以法律人类学的人类学视角进入可能会更容易一些。

如何把法学和人类学勾连起来，是法学家和人类学家关心的问题，也是法律人类学如何在法学和人类学领域立足的问题。把法学与人类学勾连起来的研究主题，在19世纪下半叶是古代法的文化遗存；在20世纪20年代是初民社会的法律；在20世纪40年代是初民社会的法庭和司法裁判；在20世纪60年代是法律的过程和大规模社会的法律问题；在20世纪80年代，是法律多元、法律（社会）事实和争议；进入21世纪，是权力和人权、法律全球化和在地性、跨国的法律和实践。正是有了这样一些具有勾连性的研究主题，才使法律人类学不断地打破法学和人类学两个学科的藩篱，对法学和人类学的学术发展作出了贡献。

法律人类学之所以能够成为一门独立的学科，关键之一是它使用了人类学的研究方法。人类学研究方法的核心是田野工作法，即通过参与观察和深度访谈获取实证材料，再用浅描或深描的民族志作品将社会生活中的法律文化以及作者反躬自省的法律问题展现给读者。在现代社会，这种田野工作法虽然实施起来有很多困难，诸如如何接近或走进研究对象、如何从小地方走向大规模社会、如何获取研究材料、如何书写民族志等，但法律人类学在克服这些困难的过程中，创新性地改进了田野工作法，使田野工作法仍然是这门学科的研究利器和标志。

法律人类学的写作方式与法学的写作方式有很大的差

别,法学的写作方式以论证为主,以法律文本为教义;而法律人类学的写作方式则以叙事为主,以社会的日常生活为教义。所以,法律人类学的民族志需要的是作者讲故事的本领,以生动且有诗性(文学性)的文字,比较和展现法律在社会治理中的运行过程,继而以论证的写作方式反思解决法律问题的方法和途径。所以,法律人类学的研究要求研究者要讲事实、讲真话、讲实用,只有这样才能实现法律人类学的学术抱负。

法律人类学的学术抱负不局限于对小地方或大规模社会法律事实的描述,而是要通过对社会法律事实的研究,理解单个社会内部的法律关系和不同社会之间的法律关系,以及法律与其他社会领域的关系,进而理解人类社会法律文化的多样性,揭示和解释人类社会生存和发展中面对的重大法律问题。具有如此宏大抱负的法律人类学的根基不是宏大的叙事,也不是文本中的法律,而是一个个微观的社会场域,比如一个社区、一个地域、一个法庭、一个案件、一个家庭,以及法庭外的走廊、工厂的车间、农村的地头和城市的街头巷尾,甚至一个法官、检察官、警察、律师、当事人的人生经历。这些都可能成为法律人类学的研究对象,成为法律人类学问题研究中的个案来源。正是在这些社会场域里,法律在生成、在运行、在博弈、在变异、在建构秩序,而法律人类学要研究的法律事实和法律问题也恰恰就发生在这些场域里。

为了帮助入门者从对日常生活及身边的人和事的观察和访谈中走入法律人类学世界,用法律人类学的田野工作法理解和解释人们既熟悉又陌生的法律世界,本书几位作者从方法论、法律民族志、田野调查、扩展个案和日常个案等层面,深入浅出地回答了"什么是法律人类学"的问题,给出了从事法律人类学研究的经验路径和理论路径。我相信,这样一个开卷有益的法律人类学读本,一定会受到读者的喜爱。

2024 年 1 月 28 日

序二：
年轻一代的中国法律人类学

韩 宝

《什么是法律人类学》有机会在国内顶级的学术出版社北京大学出版社出版，不仅是"法律人类学云端读书会"的荣幸，也是具有里程碑意义的重要时刻。这本书不仅是读书会成员集体第一次在网络之外出版的文本，也是她的第一个读本，是她的主理者心思及心力的集中呈现，因此这本书的意义自不待言。所以，在全书的六篇稿子定下来后，王伟臣老师让我再写一份序言，我就颇费思量，不知从何处下笔。这本书的前面已经有尊敬的法律人类学前辈——云南大学张晓辉老师写就的序言，后面六位老师的课程报告也都是反复斟酌过的——不仅要考虑到不与2022年2月8日至12日第一届的"法律人类学的历史、理论与方法"研习营中的诸专题（刘顺峰，《法律人类学论纲：历史、理论与启示》；王伟臣，《法学与人类学的关系》；熊浩，《法律人类学的调查方法》；孙旭，《法律人类学的人类学背景》；尹韬，《中国的法律人类学研究》）重复，而且能够体现法律人类学的核心议题同时要是报告人的研究专长。此外，书中的六篇报告本就是从课程实录整理而来，语言顺畅、脉络清晰，理解上无需额外精力。此情此景，我想大概再补充一点我对几位老师的了解及对读书会的认识，这对于那些并不在这个小共同体中的读者可能会有一点点的帮助，所以这篇文字至多算是一段絮语吧。

（一）法与多样的社会

我个人对法律人类学的认识其实是很模糊的，而且对于法律人类学的学习也仅仅是定位在一个旁观的参与者，没有很深的门户观念及学科畛域概念，只是觉得法律人类学可以帮助法律人扩展视野，而不仅是框限在法律之内；同时，这种开放的姿态，也可以包容比较多的非科班圈外人，进而使法律人与普通人（layman）之间不至太过隔膜。

还是先从读书会的几个场景说起吧。2023年11月4日，我从兰州到昆明参加"法律和社会科学"2023年年会及第二期司法论文工作坊，这一届法社科年会的主题是"法律人类学在中国"——《法律和社会科学》2023年新出版的一辑便是"法律人类学在中国（学说）"。6日上午会议结束后正值中午时分，主办方王启梁、李婉琳、张剑源等老师带领大家在阳光明媚的云南大学呈贡校区参观，让人流连忘返，而此时位于西北的兰州已经飘起了雪花，东北长春已经冰雪覆盖，航班全部取消，侯学宾、杨帆老师不得不改变行程。2023年下半年，读书会还办了几场线下活动，比如2023年7月16日在山东淄博举办的"'淄博现象'与民生的法人类学"学术研讨会。"最是一城好风景，半缘烟火半缘君。"一炉烧烤，在淄博吃得是"全民赶考"的气势；在长春可以是满屋的热气腾腾；在西北则是满眼的大漠风情；而在昆明却是夜色撩人；在贵阳又是浓浓民族风情……

我们对这种地理环境上的差异早已见怪不怪，也觉得自然而然，但是当要切换到法律的世界中时，却颇为踟蹰——这种多样差异生活社会场景是否也会投射到具体的法律中来？答案似乎明确却又不清晰，毕竟法律讲求的是统一。某种意义上，法律人类学便是在这样的张力中探求答案的事业。

（二）读书会在做什么

2023年11月18日，伟臣老师说，读书会从2020年11月27日举办第一期活动——"阅读马林诺夫斯基《原始社会的犯罪与习俗》"以来已经举办了120余场活动。换言之，读书会以平均每年40场、每月3—4场、每周1场的频率开展。我再列一份2023年年末的活动预告目录：（1）11月29日，云端讲座第13讲（段知壮：《"不能说的秘密"：艾滋病感染者隐私保障的法律实践》）；（2）12月1日，阅读世界第33期（阅读文献博温托·迪·苏萨·桑托斯：《被压迫者的法：帕萨嘎达地区合法性的建构与再生》）；(3) 12月8日，法律和人类学通识大讲堂第六讲（贺欣：《在田野中捕捉问题》）；(4) 12月10日，学术沙龙（再读《蒙塔尤》：纪念勒华拉杜里特别活动）；(5) 12月16日，后浪工作坊03号（报告一题目：《场域理论视角下东汉临湘县基层吏治——兼论法律史的人类学方法》；报告二题目：《我国毒品治理中戒毒措施的转向与发展——基于×市毒品治理立法的田野考察》）；(6) 12月17日，阅读中国法律人类学第7期（阅读书目王铭铭、王斯福主编：《乡土社会的秩序、公正与权威》，中国政法大学出版社1997年版）；(7) 12月22日，云端讲座第14讲（代孟良：《法学SSCI国际期刊论文的投稿与发表——兼论中国学者的发表状况》）；(8) 阅读世界第34期（阅读书目埃德蒙·利奇：《习惯、法律与恐怖暴力》）。

　　不论是看这份比较短的月活动预告单，还是"法律人类学世界"公众号的500多篇推文，可以看出这是一个活动多元、有组织有规划，内容既有基础又有热点、既有过去又有当下、既有中国又有世界，群体上既有前辈也有小辈，充满热情、活力、抱负、使命的学术共同体。读书会第一次准备正式组建是在2020年10月5日，八个人用腾讯会议聊了一会儿，现在书里的作者都参与了那天的小会议。在读书会成立以来举办的120余场活动中有两场对于了解团队核心成员是很关键的，一场是 2021 年 4 月 19 日举办的第一期"法律人类学云端三人谈"；一场是 2023 年 10 月 27 日举办的另一场"法律人类学三人谈"。在这两场活动中，读书会的主创王伟臣、刘顺峰两位老师细致分享了他们各自的法律人类学研习成长经历，以及他们对于读书会的期待等内容。

我也想把在 2022 年 11 月 10 日读书会上通过的"法律人类学上海倡议"抄录在这里：

> 法律人类学研究应着眼于中国现实，树立面向中国的"问题意识"，并尝试从学理层面为深入理解中国式现代化提供高质量的跨学科方案。
>
> 法律人类学研究应注意中国本土概念与术语的提炼，努力为中国特色哲学社会科学的知识体系与话语体系建构贡献基础理论。
>
> 法律人类学研究应大力发掘中国传统法学与人类学知识谱系中的法律人类学资源，以为法律人类学的中国故事书写提供素材。
>
> 法律人类学研究始终要面向世界，借鉴国外优秀研究经验，同时进一步推动海外法律民族志的研究，服务于国家的时代需求。

（三）法律人类学的未来

2023年12月10日，河南大学历史文化学院宋史方向博士生何元博在法律人类学云端读书会领读勒华拉杜里（Emmanuel Le Roy Ladurie，1929—2023）1975年写出的《蒙塔尤：1294—1324年奥克西坦尼的一个山村》，浙江大学的杜正贞、中国农业大学的赵丙祥、中国人民大学的尤陈俊三位教授是对谈嘉宾。也在这一天，四川民族学院的张雷老师送给我一本他所在学校的几位老师编著的《鱼通：一个古老而神秘的部族》。一中一西、一古一今，这两本记叙场景相距千年的作品，显示出了某种内在的共通性。这令我想起也是那几日《法律史评论》（2023年秋季卷）刊载的日本法史名宿寺田浩明先生的访谈，在谈到"东洋法制史"在日本的处境时，寺田先生讲了"绝而不绝，学以为学"这样意味深长的话。法律人类学尽管不是"绝学"，但是至少在国内还算不上显学，我们是否要担忧这门学科的未来，我想这是完全不必要的。因为一是如寺田先生所言，我们无须担心；二是如2023年12月8日贺欣老师在"法律和人类学通识大讲堂"第六讲所言，法律人类学这类交叉研究体现了一所顶级法学院的品位；三是如读书会两位主理人王伟臣、刘顺峰老师所言，读书会的近500位年轻学子就是我们的"星星之火"，"我们以认识他们这些年轻人为荣"——在过去的时间里，读书会的一些同学展现出了精湛的法律人类学功底和令人叹服的学术韧劲。

虽说如此，我们是否就可以高枕无忧？显然不是这样的。大概是考虑到研习营当下的任务及课程的体量及容量，目前的六次讲座更多是聚焦在法律人类学的传统知识讲解以及我们所熟悉的社会场景的研讨上，而缺乏对越来越明显的网络及数字社会的正面回应，这不能不说是一种遗憾。在这个技术日新月异、时代飞速发展的当下，法律人类学是需要有一些新的议题的。在这个意义上，法律人类学还需要向前看，仅仅守住传统是不够的，它还要开拓出新的议题，而不仅仅是在过去的经验里寻找发展的思路。记得王伟臣老师设计的"法律人类学青年学者访谈"中有一个问题就是看法律人类学与法律社会学等的差别，彼时个人认为区分的意义并不大；但在今时此刻，个人会觉得法律人类学可以更加自然、人文一些，更在意直观的呈现，比如萨其荣桂对其《敖包与忒弥斯》这部法律人类学纪录片开放式结尾的解释——不同的观众就可以从不同的角度去解释，而不一定是某种确定的结论。无怪，法律人类学最明显的标识就是继承自人类学的民族志。法律人类学的批判性似乎并没有法社会学那样强烈。也正是在这里——法律人类学的世界里，如果以人类学家的法人类学视角来观察，我们就会发现很有意思，因为在这里更关心的可能是社会之秩序、结构等，而这其中，法律虽然重要，但不一定是中心。更进一步，再回到当下这个网络与数据时代，面对未来法学，特别是它所提出的当下法律范式的反思，这不正是法律人类学最初的那个关怀吗？未来法学的框架里，法律有算法这个习惯的强有力竞争……展开赫拉利《未来简史：从智人到智神》，那种精神上的内在连贯感、研究追求上的相通性清晰可见。

最后，我想借用李白的一句诗"却顾所来径，苍苍横翠微"来结束这段絮语。法律人类学也许在此刻正迎来一个新的契机，中国法学已经有能力来处理法律人类学的基本关切。是以，虽然法律人类学可能还在边缘，但我们却看到她正在建构其自身，也正在担负起其应有的责任。

我来自上海，写过格卢克曼与博安南争议的博士学位论文……我在兰州、天津读的书，现在在长沙……我也是上海，还是云南人哦……我来自贵阳，目前在研究"火"……我在东北待过，目前的研究有时候很 AI……我喜欢攀岩，目前在重庆……我在北京读书，后来又到挪威拿了学位……

亲爱的朋友们，你们能猜出来他们是谁吗？他们就是本书的作者，行囊已经准备好，这就出发吧！

目 录

第一讲　为什么要学习法律人类学方法　　　　熊　浩 / 001
第二讲　什么是法律民族志　　　　　　　　　王伟臣 / 031
第三讲　什么是田野调查　　　　　　　　　　孙　旭 / 069
第四讲　什么是扩展个案　　　　　　　　　　刘顺峰 / 111
第五讲　什么是日常个案　　　　　　　　　　郭　婧 / 139
第六讲　从田野调查到法律民族志　　　　　　尹　韬 / 169

题外话　什么不是法律人类学？　　　　　　　刘振宇 / 205
后　记　　　　　　　　　　　　　刘顺峰　王伟臣 / 211

第一讲
为什么要学习法律人类学方法

—— 熊 浩

第一讲要回答的问题是"为什么要学习法律人类学方法?"几乎所有学科,都会在学习之始对自身之学习必要性和存在正当性进行说明。法律人类学也不能例外。但本讲内容作为一个观念性、总括性导论,我们还不会进入具体法律人类学研究方法的内部,而是期待从一个观念史,或研究方法发展史的整体时间大脉出发,帮助大家理解现代人类学方法的发轫,及其在人文社会科学研究方法中所占据的独特地位,以期在"移步换景"中建立一个理解法律人类学方法的"宏观地图"。

一、"只知其一,一无所知"

之所以希望将法律人类学方法重新放置到方法流变之河中去理解,是因为缪勒的那句名言:"只知其一,一无所知。"我个人特别喜欢这句话,这句话常常被从事比较研究的学者援引，但我相信将之放置到法律人类学方法的学习情境下也是合适的。"只知其一，一无所知"即指在缺乏参照的时候，我们对知识的理解是苍白的、肤浅的。当我们论述任何一种研究方法时，我们都要意识到这种特定的方法依托于某个特定的本体论前设或意识形态基础，或者用科学哲学的话说，依托于某种范式。由于这个世界上有多种研究范式（如结构主义、功能主义、阐释论和彻底的人本主义），[①] 所以如果研究者只了解一种方法，只用一种方法与世界交互，那世界本身的丰富性便会被单一范式简化与遮挡。用乔布斯的那个著名隐喻——如果你手中只有一只锤子的话，你的下一个动作会是本能地敲击。但问题是你和这个世界的关系是琳琅多彩的，不仅仅限于敲击。我与世界的关系除了敲击还有可能是介入、是批判、是创造、是倾慕、是聆赏、是遥望。这个世界的丰富性需要具有能动思考力的主体与世界产生多样性连接。当你只用一种方法去和世界打交道，方法会限缩真实。例如，一个离婚的纠纷，可能心理学家看到的是创伤、爱的匮乏、原生家庭的影响与潜意识，而法学家看到的就是权利与义务的失范。所以任何一个学科、一种知识、一类方法实际上提供给你的不是事实，而是程式设定与范畴规定。

---

① See Gibson Burrell and Gareth Morgan, Sociological Paradigms and Organizational Analysis (London: Heinemann, 1979), pp. 21–37.

仅仅只用一种程式与范畴理解世界,会失去世界本来所具有的满目琳琅。所以在介绍法律人类学方法的时候,我们也希望在起点处炸开你的想象力边界,带领你在人类思想演进的宏阔脉络中,以其他方法为参照、为背景、为支点,来理解法律人类学方法的意义,从而"不就方法讲方法",克服单一方法的视野遮蔽。

我始终记得在中学时代,有一篇著名的语文课文,都德的《最后一课》。《最后一课》是讲普鲁士占领法国之后,将不再允许占领地的孩子们学习法语,这是一个关于家国已逝的挽歌般的故事。在韩麦尔先生完成他的最后一课时,他深情地说道:"法语,是这个世界上最美丽的语言。"可后来我了解到,作者都德只会讲法语,我不得不露出摊手无奈的表情。记住,"只知其一,一无所知"——一个人只会讲法语,然后感慨法语是世界上最美丽的语言,这当然不一定错,但却不值得参考。就好像我自己是云南人,我如果没有吃过"过桥米线"之外的美食,然后我就宣布"过桥米线是世界上最美味的食物"——这不意味我的判断是错的,但我的意见基本上不值得参考。只有那些掌握多种语言的人,只有那些尝遍天下美食的人,才能对什么是最好的,给出一个虽不一定正确但却值得被参考的建议。只有那些不仅仅"只知其一"的人,完成了比较、参照和筛选的人,才能帮助你作出更正确、更合理,乃至更自由的抉择。所以,我个人认为"只知其一,一无所知"应该成为学习任何一种知识和方法的起点性原则,这也是法律学人不应该仅仅接受教义法学术训练的重要原因。只有你的知识是立体的,你才能理解那个丰盛的世界。

二、研究方法的思想史概览

人类研究外部世界的基本方法,大致可以划分为下列几个阶段。第一个阶段是前启蒙时代,这是一段漫长的时光。对于这个时代,不同学者完全可以选取不同的视点和角度介入,我在今天这一讲中所选择的视点,来自著名的德国思想家雅斯贝尔斯。在"二战"期间,当德国提出了所谓"轴心国"这一世界图景时,"轴心"一词成为一个被纳粹败坏的概念。在"二战"后,雅斯贝尔斯试图通过重访古典文明来更好地帮助战后欧洲的文明重建。当视野放置到全体人类,"轴心"两字的光耀意义便可以恢复,于是雅斯贝尔斯把轴心这个概念作为一个文明断代,作为一个用哲学对抗政治的实践,雅斯贝尔斯提出了所谓"轴心时代"的重要概念。①

---

① 参见董成龙:《雅斯贝尔斯的"轴心时代"与欧洲文明的战后重建》,载《探索与争鸣》2019年第3期,第111—113页。

按照雅斯贝尔斯的说法，人类文明的发展可以被划分为三个阶段。第一阶段叫"普罗米修斯时代"。我想大家都非常熟悉普罗米修斯——因怜悯人类而盗取天火，予以人类火种的神。当火来到世间，人类便告别所谓"茹毛饮血"的时代。对于人类发展而言，火的意义是特别重大的。火不是一般的工具，火的使用不仅给予了人类温暖和防御，而且更是通过加热过程提升了健康水平，炙烤后肉食所含的蛋白质可以帮助人类大脑和整体健康的发展。所以火的使用使人类在物种的意义上与其他生灵区分开来，从而在生物学的意义上成为了人类。在普罗米修斯时代之后的第二阶段即古典文明的建立。在这个阶段人类社会开始出现集市、开始出现小规模城邦、开始出现社会性的构架和组织形态、开始出现基本的规则与制度。再接下来就是第三阶段，即所谓的"轴心时代"。这个时代描述的是一个非常特定的历史时期。大约是在公元前六百年到公元前二三百年，即一个跨越三四百年的历史时间——如果将人类作为一种物种来看，那三四百年确实只是白驹过隙般的一段非常短促的时段——但就在这个短促而集中的时段，大概在北纬30度附近，人类历史上出现了一批为文明奠基的顶层智者。我引用余秋雨先生的一段文学性的表达来叙述这个群星璀璨的时代：

老子和释迦牟尼几乎同龄，只差几岁；孔子比释迦牟尼小十几岁。孔子去世后十年，苏格拉底出生。墨子比苏格拉底小一岁，比德谟克利特大八岁；孟子比亚里士多德小十二岁；庄子比亚里士多德小十五岁；阿基米德比韩非子大七岁……我不知道大家看到这个年龄排列后会有什么感觉。在那么漫长的历史上，这些文化巨人几乎同时出现在世界上。他们太像是一起接到了同一个指令而手拉着手，并肩"下凡"的。只是在云端告别，各自去了不同的地方。①

对此，很难有科学的解释，但却有神学的回应。根据《古兰经》，穆罕默德是真主派往人间的最后一位使者，所谓"封印使者"。而在穆罕默德前往人间之前，还有其他使者被真主派出。当然，这仅仅是一种神学描述。但我们目睹的历史是，在一段狭窄的时间里，类似的地域，古代希腊出现雅典学院，东方中国产生诸子百家，古代印度诞生释迦牟尼，而两河流域则孕育了第一批犹太先知。这些几乎同时诞生在地球上的顶层智者一上手就直接面对终极，他们处理的都是关于人类整体宏大与卓绝的问题，他们提供了一批批极具穿透力、想象力与洞察力的终极答案。因此，后世的人们才会感慨"天不生仲尼，万古如长夜"（《朱子语类》）；才

---

① 余秋雨：《中国文化课》，中国青年出版社2019年版，第51—52页。

会信仰"我（耶稣）就是道路、真理、生命；若不借着我，没有人能到父那里去"（《约翰福音14：6》）；才会发现"欧洲哲学传统最稳定的一般特征是，它由对柏拉图的一系列脚注构成"（怀特海语）。所以在前启蒙时代，神性的氛围极为浓郁，当圣哲们的巨大光芒成为这个世界上最耀眼，乃至是唯一光源时，普通的个体即芸芸众生便会显得异常渺小。所谓的真理或者真知，便是悬在空中的天道、神谕和经典。具体的人获取知识，掌握真理的方式便是向这些宏大叙事不断靠近，用那些先验于普通人存在的存在来描述和规定认知——先验的存在于是优位于经验的存在。既然伟大的先贤已经照亮世界，那我们理解世界的方法便是理解他们的教诲，将先验的典籍作为应然的理想范型，将先验的观念作为论述与思考的大前提设置，我们匍匐在这些经典的下面，以"我注六经"的虔诚去注疏、去阐释，研究的方法，则是神学家与僧侣的思想方法。①

在结束"前启蒙时代之方法"的讨论前，我想补充两点说明。其一，我在这里对前启蒙时代基本方法的描述是粗线条的，这其中并没有勾勒出必然存在的时代之异、中西之别和学科不同；其二，当我们说普通的个体与经典之间的关系

---

① 参见［法］雷蒙·阿隆：《社会学主要思潮》，葛秉宁译，上海译文出版社2015年版，第57页。作为一种方法，你是否可以思考一下经典教义学方法与前启蒙时代方法，或曰"僧侣的方法"之间的相似性。

是匍匐的，先验高于经验，方法指向注疏时，这是一种批判，而不是一种嘲笑。因为即使在今天，由古代经典所支撑起来的"山海之见"依旧是极为重要的。我个人把大学所能提供的知识分为三种类别，第一是"农耕"。专业分工、分科治学（分科治学就是"科学"一词的原意），文、理、工、法、农、医、商，不同学科，你有你的一亩三分地，我有我的一亩三分地，你种你的，我种我的。这种知识分工在现代社会甚至变成一种物理构造。在现代大学中，不同的学院拥有彼此分离的办公楼，法学院在一栋楼，人类学在另一栋楼，现代知识分工既是一种心理设定，也是一种物理事实。所以"农耕"在本质上就是培养专家，培养与现代知识分工相适应的专业人才。大学能够提供的第二类知识，叫"游牧"。所谓"策马天山，人生几何"。游牧不是某种固定的知识，它不受专业分工的明显辖制，它是一种可迁移的知识（Transferable Knowledge），例如，对人性的洞察与理解、批判性思考、同理心与协作能力、理解数据的能力、表达沟通和处理分歧的能力、独立研究问题、解决问题的能力，等等。这些知识从纵向看，无论是职员还是老板都需要；从横向看，无论是今天还是未来都是必需的。这类知识给予你自由——移动和成长的自由。而最后一类，除了"农耕"和"游牧"，便是"山顶"。所谓山顶，就是支撑你人生高度、格局与生命想象能力的人文经典，不是使你成为某种或某个领域的卓越人才，而是支撑起人之为人的宏阔力量。这个表述有些抽象，我举一个现实的例子。大家都用手机，目前大家的手机大概率是全触屏手机，这是乔布斯先生贡献给世界的伟大造物。初看之下，你会认为这是一个伟大的电子造物，是技术天才的创意精神，是所谓的"颠覆式创新"。而事实上，全触屏手机也同时依托于一种深沉的人文教养。《乔布斯传》记录了乔布斯自上大学开始便修行禅宗，这对乔布斯本人乃至苹果这家公司都产生了深远的影响。从禅宗断舍的精神、简约的意向、出离的态度出发，没有任何粉饰、没有任何冗余、没有任何遮拦的"一丝不挂"，用一种澄澈而通明的美学精神将所有装点都减除干净——作为结果，我们便获得了一只由平滑而单纯的镜面所构成的崭新造物，即六祖慧能大师所谓"本来无一物，何处惹尘埃"。所以，一个伟大的发明，在它精巧绝伦之技术外观的下面，是一个辽阔深邃的人文传统，是一种被禅宗美学所支撑起来的山海之见。对人文经典的敬意，在今天这个孤独变成一种规模性流感，复刻变成一种规程化生活的时代，具有巨大的意义。

　　轴心时代跨越千年，在漫长的等待后，研究方法进入了第二个阶段，即从14世纪、15世纪开始，到18世纪基本完成的启蒙时代。**从宗教角度看**，由于马背上的民族——忽必烈的子孙们向西方征伐，随着铁骑的前行，发生了鼠疫。当鼠疫进入欧洲，就形成了中世纪晚期蔓延欧洲的黑死病。黑死病的流行对天主教会造成了社会功能与意识形态的双重打击。在社会功能方面，由于接触病患就意味着传染毒株，所以包括临终忏悔在内的天主教社会活动自然收缩，教会对社会的真实介入、有效支持明显减弱；而在意识形态方面，天主教认为恶人逃不了疾病，疾病是一种灵性腐败后遭遇的惩罚，但黑死病的大规模流行使好人也纷纷逝去，天主教教义上的解释力也受到动摇。在传统天主教意识形态控制与社会功能供给不断削弱的过程中，沉郁的思想禁锢开始松动。由此，马丁·路德于1517年10月31日在德国维滕贝格诸圣堂大门上发表了《九十五条论纲》，宗教改革运动由此开始。新教与天主教不同，由于"因信称义"，所以信徒可以通过自己的内心直接与上帝沟通。这使得天主教无法再对信众进行有组织的认知规训，基督宗教开始强化其个人属性，获得其启蒙意识。**从科学角度看**，自然神论思想的出现为自然科学家进入自然科学研究扫除了观念障碍。自然神论（Deism）是17—18世纪在英国和法国出现的一种哲学流派，这种思想认为上帝在创世以后便不再对自然运转施加影响。在这里，我们可以借由"上帝是一个好的钟表匠"的思想实验来说明自然神论的巧思。我们设想，假如有一个钟表匠制作了一个钟表，但钟表做完后经常不准，老是出现误差情况，老是需要钟表匠重新进行修理或调整，那这位制作了本款钟表的钟表匠肯定不是一个好的钟表匠。如果是一个好的、卓越的钟表匠，那当他做完钟表以后，未来肯定是分毫不爽、无需调试。基于上述常识性认识，那我问你，上帝如果做钟表匠，他会是好的钟表匠，还是坏的钟表匠？答案很简单，一定是好的钟表匠，或者不仅仅是好的钟表匠，而且应该是最伟大的钟表匠，因为上帝全知、全能、全善。所以上帝制作的钟表一定分秒不差，出厂后绝对无需返厂进行调试。当然，上帝的作品不是钟表，而是大自然。所以上帝一定是在出厂之前就设置好了大自然运转的规律，在出厂之后大自然便会如一只顶级钟表一样分秒不差，绝对不会出现任何意外。这样一个思想实验，将上帝比喻为"好的钟表匠"的思想实验，也同时使得大自然变为了合规律运转的钟表。

图一　"好的钟表匠"思想实验

因此，所有悖逆规律的神迹便在自然中被拔除。大自然不会容纳神迹（意外），而只会合规律运转。所以，基督徒会说上帝写了两本书，一本是《圣经》，另一本就是大自然。说到底，

> 那个时代的科学家们根本就不敢、也不想去怀疑上帝的存在。科学要想获得一席之地，获得独立的权力，就必须与宗教信仰保持一种协调的关系。正是在这样的精神文化背景下，在科学发展最快的英国产生了一种被具有自由思想的科学家和哲学家们普遍推崇的信仰形式，即自然神论。自然神论构成了从上帝到牛顿、从宗教信仰到科学理性过渡的一个重要中介。自然神论的核心思想说到底就是突出理性的至高无上意义，认为连上帝也要服从理性的法则。上帝按照理性法则创造了世界，然后他就不再干预世界，让世界按照自然规律（即理性法则）来运行，这样科学家们就有事干了，他们就可以放心大胆地从事科学研究了。①

由是，理解自然就是尊奉上帝；对自然规律的真实探究

---

① 赵林：《从西方文化的历史发展看科学与宗教的辩证关系》，载 2006 年"理性、信仰与宗教"全国学术研讨会论文集，第 225—226 页。

便意味着对上帝意图的诚实领会。自然神论成为了宗教信仰与科学研究之间的桥梁，它使得理性与神性得以统一。自然神论的思想使得理性科学的进步没有和宗教发生对抗性冲突，保护了那些伟大的自然科学先驱们从事科学研究的心血，也维持了他们内在精神世界的和谐。

当沉郁的宗教氛围开始减退，科学理性开始张扬，启蒙的力量便成为一种新的时代精神。最终，在社会维度，这一系列变化伴随着资产阶级的崛起，个人理性的原则最终成就了一场浩浩荡荡的社会革命，即法国大革命。以理性的原则重估这一切价值，那些被皇权所建构出来的等级、那些被宗教所蒙蔽的迷思都被理性驱散，我们便看见了一个个独立站立的"我思故我在"的现代主体。黑格尔描述这一切的时候兴奋到了极致，他说"法国大革命是人类文明的辉煌日出"。而作为方法，当悬在天上的超验生灵与古典经典的耀目光魅都被祛除，经验实证主义便成为了新的范式。人们认为真理是客观发现的结果，而不是上帝的训诫。为了实现客观发现，便需要发展出一系列程式要求与研究设计，对人类社会的理解由此开始模仿自然科学对自然的理解。所有理论，准确地说所有有效的理论，如果不能穿越经验，不能经受经验的检验，便只是信念或教条而非知识。在这一时期，孔德（1798—1857）奠基了最早的"社会学"这一概念，虽然早期的社会学是一种对自然科学的模仿［孔德将社会学理解为"社会物理学（Social Physics）"］，但在理论上，孔德已经清晰地把这个时代的方法与启蒙时代之前的方法区分了开来。孔德将知识分为神学阶段、形而上学阶段，以及他认为由启蒙带来的实证阶段。到了 18 世纪，统计学的系统性方法开始出现，在数理技术层面支撑了实证方法的系统性发展。当神性消退而人性生长，面对自身所嵌入的自然与社会实践，理解经验本身就成为了研究方法需要去介入的真实问题。而这种经验又不能是个别的、偶然的，所以需要对经验进行整合归纳，需要排除干扰与误差，需要让知识数学化——能否数学化，构成是否抵达外部经验之底层规律的重要标尺。所谓科学的知识便成了能数学化的知识，数学化的方法就是本质的、科学的方法。

三、后现代语境下的现代人类学方法

当科学不仅在自然领域，还在社会领域突飞猛进时，科学便俨然成为了真理的化身。1912 年，现代科学技术的伟大造物泰坦尼克号下水。这艘船被命名为"泰坦"，意味着它已经自诩拥有神性——泰坦是希腊神话中曾经统治世界的古老神族，他们是天穹之神乌拉诺斯和大地女神盖亚的子女。在泰坦尼克号下水时便宣布自己要创造一个奇迹：永不沉没。当泰坦尼克号第一次出航，这艘人类技术文明的伟大造物又宣布要创造第二个奇迹：提前抵达纽约港。就在人们为工业文明创造的伟大传说而欢呼时，第一次出航的泰坦尼克号因撞击冰山而沉没。詹姆斯·卡梅隆导演在拍摄《泰坦尼克号》的时候，似乎不仅仅是在讲述一个隽永的爱情故事，还在展示人类文明的一个转捩点——人类开始理解，或者说不仅仅是理解而更是领会，领会理性的非完满性。而在泰坦尼克号沉没两年后，"一战"爆发。理性在为人类带来辉煌文明的同时，开始催生规模性的相互杀戮。当我们赞颂理性的时候，不要忘记了扎根理性的现代文明所带来的自然客体化、严重的环境破坏；人类最大规模的相互伤害，以及广岛、长崎；泰勒制在提升生产效率的同时开始对人产生异化（比如卓别林的《摩登时代》）；人际连接方式在变得无比便捷的同时，抑郁症、自杀和各类心理疾病似乎处在有史以来的最高峰；在整体财富积累不断提升的同时，贫富分化与社会撕裂也日趋明显……当不受节制与批判的理性科学走向极致，还是回到詹姆斯·卡梅隆导演的作品《阿凡达》，它便昭示着科学理性的未来图景——人类耗尽了地球上的所有资源，然后利用由此累积起来的高端科技，将奴役、支配与"进步强制"输出给了潘多拉星球。所以我认为，詹姆斯·卡梅隆的《泰坦尼克号》与《阿凡达》虽然题材不同、内容不同、风格不同，但其中的精神脉络却直接相通——《泰坦尼克号》是《阿凡达》的前传，而《阿凡达》则是《泰坦尼克号》的后传,只是这其中的时间坐标,需要以百年、千年计。①

而我们所谓的现代人类学方法,便是在《泰坦尼克号》沉没后的现实世界中发生的。当人类携带着理性、科学的梦想进入20世纪时,现代科学并没有给人类带来普遍的美好与永恒的福音,相反,它给人类带来了巨大的灾难。这些问题可以被笼统地概括为"现代性病症"。对"现代性病症",马克思主义、反殖论述、多元主义、女性主义均可以提供具有洞见性的学术视角,在这里我们仅提到两位。

首先是利奥塔。

> 科学知识把它们归入另一种由公论、习俗、权威、成见、无知、空想等构成的思想状态:野蛮、原始、不发达、落后、异化。叙事是一些寓言、神话、传说,只

---

① 这样一种表达不完全是阐释,因为在卡梅隆身上我们可以找到与此关联的直接证据。卡梅隆导演就曾表示"他致力于帮助世界各地的土著人民,他们就像他的电影《阿凡达》中虚构的纳威人一样,被困在我们的技术文明扩张到这个星球上仅存的几个保护区之间的构造界面上。"参见 The Indypendent, https://indypendent.org/2010/04/avatar-activism-james-cameron-joins-indigenous-struggles-worldwide/,访问日期:2023年2月3日。卡梅隆导演这种具有浓郁人类学色彩的文化意识也成为一种明喻的学术真实,有论文就专门探讨了卡梅隆导演的原住民意识,以及这种意识被西方心智模式的盲视。参见 Anna Paliy, "The Spirituality of Nature: Indigenous Tradition in James Cameron's Avatar and Western Mentality's Failure to See Within,"(2012) Kino: The Western Undergraduate Journal of Film Studies: Vol. 3 (1), Article 8, at https://ir.lib.uwo.ca/kino/vol3/iss1/8,访问日期:2023年2月13日。

适合妇女和儿童。在最好的情况下,人们试图让光明照亮这种愚昧主义,使之变得文明,接受教育,得到发展。①

由是,科学理性的知识可以驱逐其他形态的知识(如叙事知识)。在英文中,启蒙为"Enlightenment",光照福泽之意,只是在启蒙时代后发光之源不再是上帝,而是理性。光源让我们得以告别中世纪的黑夜暮色,也使得所有的外部现象都成为被照耀的客体。确定了作为光源的人——或者更准确地说,欧洲白人男性的中心位置,假定了人作为主体可以毫无遗漏地认识一切事物,于是可以凭借理性将真知如黑夜中被点燃的微芒逐渐散播四方。既然有光源之隐喻,便可以期待光明之弥散;既然有理性、光耀之主体自我,那与"我"相异的他者也便沦为地狱。② 我们借由从"暮色""光源"到"太阳"的象征框架之铺张,便可以理解19世纪所谓西方科学人种学(Scientific Raciology)的基本主张和社会意识形态,即"在世界上的几大人种中,只有白种人即欧罗巴人种才是代表文明和理性的人种,其他一切人种都在生理

---

① [法]让-弗朗索瓦·利奥塔尔:《后现代状态:关于知识的报告》,车槿山译,生活·读书·新知三联书店1997年版,第57页。
② 参见熊浩:《"聆听":作为一种技术方法和哲学范式》,载《复旦大学法律评论》2019年第6辑,第135页。

上具有遗传的缺陷,因此他们理应受到白种人的统治,接受白种人的宗教和教化"[1]。这使得"西方及其余国家（The West and the Rest）"的认识框架被建立了起来,由此从属于西方也便成为自然。

其次是福柯。福柯对理性知识的考古揭露了学科知识与社会规训之间的内在联系,从而使得理性话语变成了一种权力结构。[2] 经由福柯的启发,科学实证主义便暴露了它的动力学基础——控制。当任何一个知识在现代的意义上成为科学,即可以通过数学语言加以描述,则外部现象便成为主体,不仅仅是可以理解,而且是可以驾驭的对象。在中国古典时代,祈雨具有神性,下雨需要众生祈求龙王降福,人类在伟大的自然面前是渺小的。而现在,下雨已经被气象学科学化,下雨或不下雨在一定程度上都是人类可以控制的。通过向云层发射降雨或驱散云雨的化学物质,我们可以对大自然进行控制。不仅仅是面对自然,社会生活的方方面面也开始出现这种以控制论为底色的效能强制,这使得现代人自身开始异化、工具化、机械化,人本意义与控制目标之间的紧张感越来越强,从而导致某种自我面对现实时遭遇的陌生与

---

[1] 叶舒宪、彭兆荣、纳日碧力戈:《人类学关键词》,广西师范大学出版社 2006 年版,第 7 页。

[2] 参见叶舒宪:《文学人类学教程》,中国社会科学出版社 2010 年版,第 44—45 页。

荒诞。虽然这样一些思想提炼均发生在"二战"以后，但这些思想洞见在本质上不是对某个具体时代的判断，而是一种具有整体性的文明批判，即对启蒙以降形成了理性科学主义在本体与方法上的批判与质疑。

1914 年，就是在这样一个现代性氛围浓郁、现代性病症日益展现的时间里，马林诺夫斯基（Malinowski）由于"一战"的特殊原因，被滞留在了太平洋的一座小岛上。他被动地进入了一种新的人类学研究生态中——不是阅读，而是文化在场。他沉浸在了初民社会的生活境遇中，他在深度参与中观察，不是一天而是一段连绵长久的日常时光；他在细腻的感受中亲历，而不是仅仅阅读传教士或世界好奇者的关于"他者"的游记。随着时间的推移，被观察者习惯了马林诺夫斯基的存在，观察者与被观察者，主位与客位开始发生融合，人类学家成为"村里人"。于是，他们将不仅仅看到表面的知识，而且有可能触达所观察社会的深层结构与意义框架，从而获得具有纵深的真知。我们可以猜想，马林诺夫斯基所面对的，是一个没有被现代性污染、人与自然共生融合的社群；一个人际关系温暖、人际连接友善的社群；一个也有矛盾，但却不至于规模性相互屠杀的社群；一个具有意义，而不是人生荒芜的社群。站在西太平洋的此处，若是张望欧洲，火光、瓦砾、机枪、火药、鲜血、屠杀，究竟何者是文明，何者是野蛮；何者是先进，何者是落后；何者荣耀我们，何者践踏我们，难道不是不言自明吗？通过这种亲历与历史所构成的鲜明对比，人类在理解世界的时候，难道不需要超越理性主义、本质主义、实证主义既往规定，从而发扬和建构意义中心、文化多元、生命嵌入的新的方法论范式吗？由是，人类学从"福音的人类学"（即人类学家坐在图书馆阅读来自福音传教士或世界旅行者的见闻从而完成写作）、"帝国的人类学"（即在全球殖民时代，西方国家通过支持人类学家前往殖民地以供帝国首都的决策者获取来自世界各地的信息），成为"现代的人类学"——以聆赏文化之多样性、发现知识之在地性、拓宽人类对意义世界的触达能力与想象空间为学术目标，以田野调查为最核心方法的反思的人类学。这一转变甚至成为后现代思潮中的重要力量，亦被理论界称为"人类学转向"。在此之后，人类学成为一种基于多元化价值观的"方法的人类学"，不前往非西方社会或初民社区、不离开城市空间、不关注习惯法或纠纷解决，但只要保持这种基本价值观，秉持这种研究方法论，便是人类学。这也使得"田野"的概念被进一步扩张。在"反思的人类学"看来：

> 人是行动的意志主体，即按文化形态和社会结构规定的意义行事，也因其意图而改变文化和社会；文化为行动提供导向和意义体系，我们可以通过考察人的认知、

符号和行动来理解文化;理解是心灵活动,易受环境条件影响,所以我们对异文化的理解要尽量采用本土眼光和主位术语;人类学对异文化的理解可能深厚但不可能精准,我们的描述和解释也有误导人或被人误解的可能;因此我们要不断反思自己的立场和作品,注意自身文化与对象文化及其他文化的关联与互动。①

四、人类学方法的当代意义

到了近代,研究方法开始走向综合。质性方法在形成厚的理论与概念(Thick Concept)方面有独特优势,定量方法则在外推性和普遍化方面作用突出,所以研究中应该将两者结合运用。② 但到了 21 世纪,随着移动互联网基础设施的普及,量化研究方法经由大数据支撑,开始重构"数据主义"的影响力。值得注意的是,大数据方法与经典的数理统计有所区别,不是有很多数据就是大数据。在经典数理统计看来,数据足够多意味着样本足够大,所以仅仅是样本数量的增加不构成大数据。大数据与数理统计的区别是:数理统计

---

① 庄孔韶主编:《人类学通论》,山西教育出版社 2002 年版,第 63—64 页。
② 参见左才:《政治学研究方法的权衡与发展》,复旦大学出版社 2017 年版,第 37 页。

的研究方向与研究假设是人为设定的，数据为理论的证成或证否服务。而大数据则有可能摆脱理论假设的束缚，通过对人类神经网络的模拟而自动连接、自发生长。无论我们如何理解"大数据"，互联网技术对人强有力的宰制已经成为一个不争的事实。特别是在现代社会效能主义的工作场域下，细密的数据控制导致了人进一步机械化。当一个活色生香的人，站立在这个冷漠而锋利的时代背景里，劳动本该具有的人本价值、艺术属性和过程意义被剔除干净，人的异化开始产生连续可感的痛苦并且越来越容易察觉。以至于在当代社会的话语实践中开始出现一种与进步强制、工具理性相对抗的话语表达，如内卷、躺平、佛系——"大厂里的年轻人"和"困在系统中的人"成为一种时代镜像。年轻人为了抗拒这一切，甚至开始出现对工作的普遍厌恶，乃至工作与生活世界的严格界分。而到了近些年，为了逃离工作场域与周而复始，向自然出发的"露营"则成为一种新的都市流行。① 不知你读到这里有没有意识到，向自然出发的"露

---

① 马蜂窝发布《2022 露营品质研究报告》，报告显示 74% 的露营爱好者来自一线及新一线城市，北京、成都、上海、广州包揽露营客源地前四，贡献超三成。90 后、00 后的年轻游客与 80 后亲子游是两大"支柱"，两者共占比 87%。根据艾媒咨询《2022—2025 年中国露营经济发展前景与商业布局分析报告》数据，2021 年中国露营经济核心市场规模达 747.5 亿元，同比增长 62.5%；带动市场规模 3812.3 亿元，同比增长 58.5%；预计 2025 年中国露营经济核心市场规模将增长至 2483.2 亿元，带动市场规模将达 14402.8 亿元。参见海峡网："露营产业将现更多巨头，格局面临巨变"，载 http://dzb.hxnews.com/life/xiaofei/85320.html，访问日期：2023 年 2 月 3 日。

营",不就是纳威人的那个充满着异域风格的崭新世界吗?当数据的宰制、规律的压迫、人性的异化、文明的扭曲发生时,重建和寻找人类意义之根的努力便会越迫切。正如当面临欧洲的战争、屠杀、轰炸这些现代文明的自噬时,那个太平洋上的岛屿,那个来自马林诺夫斯基所见的自然饱满的他者,才会具有更大的启示意义。所以数据智能的强大不仅不会湮灭人类学方法,相反,当规律的知识愈发压抑充满活力的生命状态,使用人类学方法以召唤意义的呼声便会愈发响亮!

当我们描述到这里,我们事实上是在叙述一个极其古老的传统。如果我们以中华文明为尺度,摆脱宰制的田野逃逸早已发生。

大观园是为了接待元妃省亲而修建的行宫别院,后被贵妃改名为大观园。相较于荣宁二府正宅的建造风格,大观园是按照中国园林的风格修建的。将平直改为曲折、将通达改为通幽、将对称改为隐逸,使得贴近自然的后花园,与强调秩序感、平衡感和规范感的正宅形成了对照与补充。中国山水园林以自然的道家精神与本性的田园美学为归依,这为儒家规训下的压抑灵魂提供了栖居与逃逸的可能。所以,与正宅中贾政屡屡教训、打骂、苛责宝玉的规范精神不同,大观园里是沁芳的水闸、是凌空的诗句、是回旋的游廊,是与每一个青春生命相配搭的各种院落。大观园里没有规矩,那是一个解放自我、充满相互眺望与青春歌咏的王国。所以大观园的营造,用今天的视野看,颇具现代人类学意味。当规训成为一种绵密的森严,那奔向自然田野的逃逸也就同时成为必须。类似的,当儒家的秩序已经无法为世人提供安身立命的寄托,魏晋之风便引领着那时的知识分子走向田野,走向与自然相亲、与本真相近的曲水流觞。

所以,无论是太平洋上的岛屿、贾家新造的大观园、竹林七贤走向自然乡土的逃逸,还是当代年轻人出离城市的露营——他们,都在前往田野。无论那种将人异化的力量是什么,是儒家的道理、是现代性病症、还是大厂的智能机械主义,面对生活世界的荒诞与吊诡、面对主体性意义的羸弱与凋敝,除了走向神灵,对于东方世界,走向田野早已成为一味药方。当现代大学体制成为养鸡场(虽然有其合理性,但也必然包含巨大的荒诞性),即学校每到年终就来问一只只"学术母鸡"到底下了多少鸡蛋(论文),你就能理解泰勒制与KPI已经进入知识创造与精神活动的深层部位了,机械主义的效能原则已经无远弗届地实现了对生活与人的全面宰制——在某种程度上,我们每个人都是富士康的工人,头顶上悬着KPI,面前是一条分工协作、精准控制的生产线。大家都深呼吸一口气,然后开始将一枚小小的零件放置到一个小小的塑料袋中。一天,这种装配工作要重复3000次。当知识创造的方法已经离开诸神的山顶而进入数学化的科学,当数学化的科学不仅仅是一种分析工具而是一种生活方式与工作强制,当这种方式与强制使我们产生了明显的现代性创痛时,回归浪漫、回归多样、回归外在于现代性世界的他者,去"有风的地方"便成为平整我们疲惫生活的精神药方。当我们对外部世界的理解陷落在社会科学之原因与结果、经济学之成本与收益、法学之权利与义务的概念遮蔽中,那个琳琅满目的意义世界,那个丰富多彩的过程维度才愈发地值得向往。说到底,虽然两点之间直线最短,但面对只此一次的人生,只此一次的青春,你又为什么要匆匆忙忙地行走那条最短的线呢?离开效率、范畴、概念、数据、规训、科学的直线,去走一条风景独特的曲线——只要对现代性病症有所感触的我们心生此念,我们也就会像那些前辈们一样,向着田野的方向,出发!

答疑与互动

提问:如何看待量化研究方法?

回答:第一,如格尔茨(Geertz)所言,我们可以将知识分为规律的知识与意义的知识。[1] 这其中,量化方法是非

---

[1] 参见[美]克利福德·格尔兹:《深描:迈向文化的阐释理论》,载克利福德·格尔兹:《文化的解释》,纳日碧力戈等译,上海人民出版社1999年版,第5页。

常典型的揭示规律的知识。量化相信诸存在的表象后面存在一个本质性的,使事物"是其所是"的基本规定,这就是规律。对规律的理解不可能只理解局部、只触碰表层,而是需要尽力触达全部、逼近深层,因此不可能在"个案"中完成研究,而是需要积累足够多数量的"样本",从而排除"误差",实现对规律的恰切把握。

第二,量化研究所携带的是一种重要、有益、对现代社会极为关键的知识观。对量化思维的了解和理解,会帮助我们理解样本、变量、因果、抽样、偏差、显著、假设、证否等一系列现代科学的关键概念。① 在某种程度上,现代社会是在这套观念的地基上运转的。所以即使我们仅仅做个案研究或民族志写作,建立对量化研究的基本理解依然是重要的。这会让我们避免很多由于不了解而产生的对某些研究方法的偏见与误会,也能够让我们在研究设计的阶段更为自由——如前所陈,只有一种方法的时候,你无法获得理解世界的自由。况且在揭示规律方面,我们得承认量化有超越质化的明显优势。所以我们可以不做量化研究,不会使用统计学软件,但我们要对量化研究的基本方法、基本理路,及其严谨的科学化制式有所了解,不然就会犯下那个太常见的错

---

① 未来我会写一本方法论的书,用文科生、法科生能够理解的方式,帮大家理解量化研究这些最核心的概念,让你明白这不是一套"秘术",而是一种你本来就了解的逻辑推演与自然通识。

误——将在校园里、微信群里发问卷星收集问卷的做法理解为是随机抽样。

第三，我们对人类学方法的强调，也是希望能够让大家对科学主义下的知识观有所反思。启蒙以降的理性主义将对事物本质规律的理解放置到了一个崇高的位置，似乎只有整体的知识、规律的知识、数学化的知识、范畴化的知识、因果机制的知识是知识，即像直线一样通达、快速、有力的知识才是知识。我在讲授研究方法的时候，经常被问一个问题，就是"老师，您讲的这一个个案，它具有代表性吗？它能代表中国的情况吗？"这个问题看似犀利，但其实携带着一种狭隘的知识论设定，它排斥了个别性、地方性、意义、美、生命直感、感悟与心灵的知识。你怎么不问曹雪芹，贾宝玉典型吗？林黛玉能代表中国女性吗？仅仅一个贾府，仅仅一个家族的成败兴衰，能代表中国吗？我们似乎不会问这个问题，因为艺术通过一种现象直观，直接抵达了"真理的原始发生"。对这种单一的知识观的批判、清理和觉察，是包括人类学在内的后现代思想的共同使命。所以人类学方法事实上采用了另外一套知识观，他们关心意义的知识。每一个灵魂都具有独特的意义，独特不是误差，不是残次，而是具有平等地位的、需要被理解与聆赏的生命对象。用著名社会学家谢宇教授的话说，你是关心本质，还是关心变异，这是两种完全不同的学术路径，也会由是滋生不同的研究方法。所以在本体论前设上，量化研究与质化研究有着非常大的差异，对研究方法之本体论前设之差异的理解，对于恰当地运用某种研究方法意义重大。

第二讲
什么是法律民族志
——王伟臣

本讲内容接续第一讲展开,主题是《什么是法律民族志》。具体又分为四个部分:第一,什么是民族志;第二,为什么会出现法律民族志;第三,法律民族志的写作范式;第四,法律民族志研究的意义。

一、什么是民族志

第一个部分是,什么是民族志?为什么首先要讲什么是民族志呢?不知道大家有没有看过"法律人类学世界"微信公众号的推送?本次研习营共有340多位同学报名。其中,来自法学院的同学占比85%以上,而来自民族学和人类学专业的同学比例不足10%。换言之,在本次研习营当中,只有不到十分之一的同学此前系统学习过人类学知识。而更多的来自法学专业的同学,如果此前没有接触过人类学,看到"民族志"这三个字可能会产生一些误解,比如这里的"民族"是什么意思?

"志"又是什么意思？所以我首先要解释一下什么是民族志。

熊浩老师在他的演讲中也提到了《阿凡达》，还提到了《泰坦尼克号》。熊浩老师认为，这两部电影可能都是人类学故事。我非常认同他的看法。但是，我在准备讲稿之前并没有和他具体沟通过演讲的细节，在昨天听他的讲座之前，我的 PPT 已经做好了。所以，我提到《阿凡达》是和熊老师想到一块儿去了。那么，我为什么会提到《阿凡达》呢？这里，需要介绍我最近写的一篇微信推送文章：《阿凡达 2——一个中年人类学家的尴尬》。

我最近这两年写过一些论文，也翻译过一些经典的法律人类学名作，很多都在微信平台推送过。但是阅读量都不高，很少能够突破 1000 人次。但是这篇关于《阿凡达 2：水之道》的评论却获得了很高的阅读量。其实这篇评论都谈不上影评，而且我也只花了不到 2 个小时的写作时间。这篇推文之所以获得较高的阅读量可能是因为，我通篇按照人类学民族志的角度来理解这部电影，在解读视角上相比于其他影评较有"新意"。提到《阿凡达 2》，首先要回顾《阿凡达》第一部。在我看来，《阿凡达》这个故事其实并不新颖。从某种程度上讲，可以看作《与狼共舞》的外星版，即一个观察者为了解他者，选择融入他者社会的故事。《阿凡达》第一部可以视为地球人类学家"杰克"写的（拍摄）一部关于潘多拉星球纳威人的（影视）民族志。杰克像马林诺夫斯基一样，与部落民族同吃同住,学习他们的语言,甚至还更进一步:打扮成纳威人的样子(即"阿凡达"样态)。他以格尔茨所倡导的"深描"方式观察、描述了纳威人的政治(酋长制)、经济(生计方式与生态环境)、亲属制度(通婚)、纠纷解决(借助"大龙"吐鲁克·马克多的权威和"强力")以及最重要的宗教仪式(对爱娃神的崇拜)。最后,它还深刻控诉了那些激进的现代工业对自然的破坏。所以,我认为《阿凡达》的故事就是一个典型的民族志"文本",尽管这个故事是虚构的。

那么,为什么要叫它民族志呢?"民族志"的字面意思是"关于民族的书写"。它的英文是"Ethnography",其中,"ethnos"指"民族、种族和文化体","graphia"指"书写或表达"。早期人类学研究主要关注具有典型异文化特点的"他者",而"他者"往往就是散布于亚非拉等地区的部落民族。人类学家倾向于以个案的方式对部落民族的某个村落展开参与式观察并基于此写作一部介绍兼评论的文本。由于这个文本的写作对象都是"部落民族",所以这个文本就被称为民族志。但是到了今天,人类学的研究对象越发宽泛,人类学的分支研究也越发多元。比如,有饮食民族志、金融民族志,甚至还有"宿舍民族志"[①]。

[①] 沈芸等:《水果篮里的故事——女大学生宿舍民族志》,载朱炳祥:《社会人类学》,武汉大学出版社2004年版,第244—289页。

提到饮食民族志，我看过比较有趣的一项研究是香港中文大学的张展鸿教授关于小龙虾的解读。张教授研究了小龙虾的"前世今生"，特别是小龙虾在我们中国人现代生活中的意义。① 还有金融民族志，最近影响比较大的一部译著是 2018 年出版的《清算：华尔街的日常生活》。这本书是关于华尔街投行的民族志，打破了大家对于华尔街的刻板印象，将美国顶级金融市场的真实状态呈现出来。②

当然，举这些例子是想说明，基于对小龙虾、华尔街以及女生宿舍的田野调查而完成的作品都叫"民族志"。小龙虾、华尔街以及女生宿舍显然不再是传统意义上的部落民族，但这种写作文本依然冠名以"民族志"。因而，在我看来，今天的民族志中的"民族"二字更多地指"个案"。所以，民族志其实就是"个案志"。

二、为什么会出现法律民族志

为什么会出现法律民族志？要回答这个问题，还可以举《阿凡达》的例子。如果各位看过《阿凡达 2：水之道》的

---

① 参见香港中文大学张展鸿教授的系列演讲，以及张展鸿：《小龙虾的诱惑：从地方品牌建构到虾稻共生的民族志》，广州人民出版社，待出版。
② 参见［美］何柔宛：《清算：华尔街的日常生活》，翟宇航等译，华东师范大学出版社 2018 年版。

话,感觉可能会和我一样,即不如第一部好看。这基本是观众们的一致评价,比如,根据豆瓣电影显示,第一部的评分有 8.8 分,而第二部只有 7.9 分(截至 2023 年 2 月初的统计数据)。那么,为什么第二部不好看呢?刚才提到的我关于第二部的评论回答了这个问题。大致的逻辑如下:如果从民族志的角度来判断,两部《阿凡达》都是民族志。第一部《阿凡达》是一部概览式的民族志。什么是概览式呢?即什么都介绍,什么都讨论。关于部落民族的政治、经济、文化、宗教等各个方面都有所涉猎。到了第二部,卡梅隆导演又全部来了一遍。换言之,它按照第一部的结构再次概览式地介绍了海洋民族的政治、经济、文化、宗教等各个方面。虽然视觉效果非常赞,但由于这种套路或者模板已经用过一次,所以给观众带来的震撼程度远远不如第一部那么强烈。这就是很多观众会认为第二部不如第一部那么好看、惊艳的原因。

应当说,早期的人类学民族志研究基本上都是概览式的。比较有名的,如马林诺夫斯基的《西太平洋的航海者》(*Argonauts of the Western Pacific*)(以下简称为《航海者》),还有在《航海者》基础上,方法论意义更进一步的《努尔人:对一个尼罗特人群生活方式和政治制度的描述》(*The Nuer: A Description of the Modes of Livelihood and Political Institutions of A Nilotic People*)(以下简称为《努尔人》)。这两部作品都是经典之作，都是研习人类学的必读作品。尽管传统上，我们倾向于认定这两部作品为概览式民族志，但细究可以发现，它们其实都有所创新。《航海者》并不是史上第一部民族志，在它之前，人类学界其实已经出现了若干基于田野调查完成的作品。所以，《航海者》的创新之处不仅在于它强调一种参与式观察的研究方法（它有着方法论上的自觉），而且在于，它是一部经济民族志。它讨论了特罗布里恩德岛民的礼物交换系统，这是一个互惠的系统。而《努尔人》可以理解为一部政治民族志，因为这本书介绍了努尔人的世系裂变关系以及这种关系又是怎样塑造努尔社会的。

这里插一句。我有一个（基于阅读的）猜测：后来的那种经典的法律人类学或法律民族志研究在某种程度上讲其实是从政治人类学那里分隔出来的研究。而这种分隔就与《努尔人》这本书有关。《努尔人》提到了纠纷及其解决的问题，但是没有进一步展开。当然，这不是我今天要讲的重点。

基于以上分析，我认为，之所以会出现法律民族志（法律人类学），主要有两个原因。其一是学术原因。人类学的民族志研究和写作为了学术创新必然会走向包括法律人类学在内的分支研究。否则，如果总是写概览式的，就会像《阿凡达》第二部那样让观众感到失望。如果总是写概览式的作品就如同收集蝴蝶标本，缺乏对研究对象更加深入的了解,所以就需要创新。对早期人类学研究而言,创新就是向各个分支研究领域迈进。换言之,从民族志到法律民族志的扩展和发展其实是学术研究为了实现创新的必然结果。当然,这一原因并没有呈现出法律民族志研究的特殊性。

其二是政治原因,对此,我想稍微扩展地讲一讲。

人类学研究从成本上讲有两个特点或缺点,一是费钱,二是费时间。这个特点也可以解释为什么在当代中国,法律人类学研究在影响力和普及程度上远远不如法律社会学和法律经济学。

先说,费钱。人类学研究需要田野调查,需要走出书斋。比方说,天天出去调查,早饭可以在家里或者学校用餐,那么午饭怎么办?那种强调一年半载的田野调查怎么解决吃饭和住宿问题?其实对于人类学研究而言,一年半载都不一定足够。正如谢晖老师在《民间法》刊物的总序中所提到的,"不要说十天数十天,即便调研一年半载,也未必能够成就一篇扎实的、有说服力的论文"。结合《阿凡达》,我们会发现,杰克这位"人类学家"之所以能够实践参与式观察,显然离不开此前地球人基地的大量物质投入。

再说,费时间。如果你特别有钱,但没有时间,也做不了人类学或法律人类学研究。为什么人类学研究这么强调(长)时间呢?为什么短时间的人类学研究不行呢?因为人类学强调的田野调查是一种参与式观察,研究者实践这种观察一定要把自己融入研究对象当中。但要融入一个陌生的环境是十分困难的。对于人类学家而言,研究对象是他者;而在研究对象看来,人类学家更是他者。这样的一个他者(人类学家)每天都在村里转悠,自然会引起村民的注意。而村民们在学者面前可能就会流露出表演的痕迹。只有在时间足够长的情况下,调查对象才会对人类学家的"在场"习以为常,才会呈现出真实的一面。此外,人类学还主张要观察一个社区的四季轮回。其中的逻辑是,传统社会的生活方式会受到四季变化的影响,所以,人类学家至少要观察一年,再加上两个月的调适阶段或整理阶段,因而,最经典的人类学式的田野调查的时间至少应为 14 个月。

所以,人类学研究的经济和时间成本之高,至少在起源或初创阶段,显然不是一位人类学家所能承担的。在今天,不管在哪个国家,如果一位学者要实践马林诺夫斯基所提倡的两年田野调查,那么就意味这位学者在两年时间内没有任何的学术(成果)生产,两年内可能都发表不了一篇学术论文,且在没有腾讯会议(或其他在线教学平台)情况下,这位学者两年都无法给学生上课。基本的教学任务都无法完成。所以,想要从事人类学典型的长时间的田野调查,最好需要获得一定的赞助或者学校的极力支持。

关于这个问题,我在 2022 年 11 月参加的由浙江师范大学非洲研究院所举办的"第二届人类学与区域国别研究论坛"上曾介绍过一位名为诺斯科特·托马斯（Northcote Thomas）的人类学家。他是英国历史上首位获得"政府人类学家"头衔的学者。这位学者在 1909 年至 1915 年间，曾在尼日利亚和塞拉利昂做了六年的田野调查。根据他所完成的作品来看，主要以政治和法律为主。那么，为什么他要调查政治和法律呢？为什么不去调查饮食问题呢？由于我并没有深入研究过托马斯的学术生平，所以不知道是否因为他本人对政治和法律更感兴趣。但可以肯定的是，他的调查以政治和法律为重点，其背后必然有着殖民政府的推动因素。毕竟他的田野调查前后用时六年，其间的衣食住行都是由殖民政府所承担的。既然这些生活费用都由殖民政府所承担，那么殖民政府希望他调查什么？殖民政府的主要诉求又是什么？是不是希望能够更好地维持当地的社会秩序以延续殖民统治呢？调研什么问题能够有助于稳固社会秩序呢？当然是政治和法律问题。

所以，这就是必然会出现法律民族志的原因。

三、法律民族志的写作范式

上文介绍了为什么会出现法律民族志，接下来要讲的是，法律民族志究竟都有哪些内容？在开始讲述之前，我想再说明三点。

首先,我得解释一下,我自己没有写过法律民族志,因为我没有做过典型的法律人类学意义上的田野调查。我的博士学位论文做的是格卢克曼(Gluckman)与博安南(Bohannan)的学术争论,是学术史研究。① 后来的学术兴趣和研究方向也是徘徊于学术史问题。所以,接下来要讲的都是其他学者的法律民族志研究。虽然没有人类学式的田野调查经验肯定会影响我对于法律民族志的理解,但是我依然可以基于阅读来总结出法律民族志的类型和特点。

其次,法律民族志非常重要,可以说是法律人类学的核心,或者说,法律民族志就是法律人类学。我始终认为,法律人类学研究很难通过一两篇论文来表达。毕竟论文篇幅有限,无法呈现出法律人类学所强调的那种整体论的关怀。所以我说,法律民族志就是法律人类学。

最后,法律民族志作品有很多,根据最近几年的阅读和检索,仅就英语世界而言,法律民族志的作品至少有 300 部左右。如果想要了解什么是法律民族志,最好的办法就是把这 300 本书全部读完。但这显然要花费很长很长的时间……由于时间有限,我只能选择一些代表性作品来介绍,而且只能介绍它们的目录。虽然是目录,但把这些目录按照学术脉

---

① 参见王伟臣:《法律人类学的困境:格卢克曼与博安南之争》,商务印书馆 2013 年版。

络连起来,仍然能够清晰地展现出其在不同阶段的发展特点。当然,我也会适当地介绍一些作品的内容。

好,正式进入正题。

我认为,法律民族志是指以田野调查为基础的关于某一特定对象法律制度实践状态的描述。它既是一种倾向于定性的研究方法,又是一种具有典型人类学特征的写作范式。在百年的发展过程中,这种写作范式按照行文结构的不同又可以分为四种具体类型:概览式、司法式、过程式、话语式。

第一种为"概览式"。

顾名思义,这是一种试图涵盖整个法律体系的写作范式。具而言之,它按照现代部门法的体系,逐一介绍特定对象的宪法、民法、刑法、程序法等法律制度。这种类型的开山之作一般认为是巴顿(R. F. Barton)所撰写的《伊富高法》(*Ifugao Law*)。在这部 1919 年出版的关于菲律宾吕宋岛伊富高人的法律民族志中,巴顿依次介绍了家庭法、财产法、刑法、程序法等内容,由此大致厘清了伊富高法的内容轮廓。关于巴顿和《伊富高法》,刘顺峰老师专门撰写过文章。①

无独有偶,德国传教士布鲁诺·古特曼(Bruno Gutmann)在 1926 年出版的《查加法》(*Das Recht der Dschagga*)中也

---

① 参见刘顺峰:《法律人类学的嚆矢——以巴顿的伊富高法研究为考察中心》,载《民间法》2021 年第 4 期,第 6—20 页。

采取这种范式,依次介绍了坦桑尼亚查加人的部落结构、土地使用和所有权、酋长的地位与特权、刑法、程序法以及部落法对个体的影响等内容。

那么,这两位学者为什么要采取这种大而全的写作范式呢?原因其实并不复杂。因为"二战"之前的人类学或法律人类学研究带有明显的"猎奇"色彩,为了向现代社会介绍极富地方特色的部落社会习惯法,同时也为了证明这种习惯法并不"低级"或"原始",所以倾向于按照现代部门法体系,尽可能全面地展示部落社会的法律制度。由此,这些学者便会向现代社会宣称:你们看,我研究的这个部落社会不低级吧?不原始吧?我们英国、美国、法国、德国都有从宪法到诉讼法的完备的部门法体系,而部落社会也有着同样的部门法体系,它们也有民法、刑法、诉讼法,所以它们的法律不低级吧!

需要指出的是,由于部落社会往往没有文字,不存在成文宪法,所以"概览式"法律民族志中的"宪法"其实是部落社会的基本政治结构。比如,在艾萨克·沙佩拉(Isaac Schapera)于1938年出版的《茨瓦纳法律与习惯手册》(*A Handbook of Tswana Law and Custom*,以下简称《法律与习惯》)中,第三章至第六章均冠名以"宪法",但如果仔细看就会发现,这些"宪法"其实涉及的是诸如团体组织、地方行政等政治制度。而这种政治制度也是政治民族志的写作内容，所以此时的法律民族志（法律人类学）和政治民族志（政治人类学）有些重叠之处。

此外，"概览式"并不需要研究纠纷解决的实际案例，各种法律部门的习惯法可以通过长时间的观察来了解，也可以通过询问部落成员的方式来获取，因而依靠翻译也可以完成。还是举《法律与习惯》的例子。大家要知道，部落社会的法律基本上都是以不成文法的形式存在的，这里的不成文法是指不以文字为载体的一种习惯法。既然是不成文的，那么人类学家如何得知其内容呢？这时大致有两种获取渠道。第一种，通过长时间的观察和记录，总结出部落社会的习惯法规则；第二种，可以通过询问来了解。第二种的效率显然更高。比如，这本书的作者，出生于南非的英国人类学家沙佩拉就选择第二种方式。据其学生兼助手希尔达·库珀（Hilda Kuper）的观察："沙佩拉一般住在村里的商人家里。他喜欢坐在椅子上，一边晒太阳，一边向他的主要报道人了解情况……"[①] 沙佩拉主要有两位报道人，都是部落酋长。他们不仅担任了沙佩拉的报道人，而且协助了调研，利用权力，鼓励其臣民向沙佩拉提供信息。

关于第一种民族志写作范式介绍到这里就算结束了。但

[①] Hilda Kuper, Function, History, Biography, in George W. Stocking, ed., Functionalism Historicized, Madison, 1984, p.196.

是大家会发现，有位学者及其"名著"我没有提到。这位学者就是大名鼎鼎的马林诺夫斯基。国内外很多介绍法律人类学的作品都会提到他于 1926 年出版的《原始社会的犯罪与习俗》(*Crime and Custom in Savage Society*)（以下简称《犯罪与习俗》）。我们知道，马林诺夫斯基是一位非常伟大的人类学家，但这不代表他的法律人类学研究具有典型性。比如，关于《犯罪与习俗》，我的一个基本看法是，它不适合当做法律人类学的入门读物，因为这本书的写作范式并不典型。为什么呢？大家可以看一下它的目录：对习俗的自觉遵从和实质性问题、美拉尼西亚经济和原始共产主义理论、经济义务的约束力、互惠和二元组织……读罢此书目录，然后再去看他的第一部作品，即更有名的《西太平洋的航海者》，你就会感到恍惚，因为你分不清楚，你是在读《犯罪与习俗》还是在读《西太平洋的航海者》的续篇。至于这本书为何这么有名，我在另外一篇文章有过介绍。[①] 这里就不再赘述了。

第二种为"司法式"。

所谓"司法式"，即主要围绕着司法裁判而展开。这种模式的开创者为法学家卢埃林（Llewellyn）与人类学家霍贝

[①] 参见王伟臣：《法律人类学研究范式的构建——以 20 世纪上半叶的著作为考察对象》，载《贵州民族研究》2023 年第 5 期。

尔（Hoebel），大家可能对这两位学者都比较熟悉。卢埃林是美国著名法学家，法律现实主义学派的代表人物，而霍贝尔则因《原始人的法》(The Law of Primitive Man) 一书而蜚声于国内学界。1941年，他们在合作出版的《夏延人的方式》(The Cheyenne Way) 中通过司法裁判的案例展示了印第安人的"法律方式"，其包括村落组织、军事协会、凶杀、婚姻关系、财产与继承等。通过这些章节目录，也可以看出，这部法律民族志也试图较为全面地呈现研究对象的法律体系。此外，博安南的《蒂夫人的正义与审判》(Justice and Judgment among the Tiv) 与波斯比西（Pospisil）的《卡波库巴布亚人和他们的法律》(Kapauku Papuans and their Law) 也同样罗列了婚姻法、继承法、刑法等多种部门法制度。这三本书的写作都基于研究者对纠纷案例的分析，即，通过纠纷案例中裁判所适用的规则来了解部落社会的习惯法。所以从这个角度来看，"司法式"与"概览式"似乎一样，都想要呈现一种大而全的规范体系。

但是，"司法式"与"概览式"相比，还是有着显著的差异：其所介绍的部门法制度几乎都来自对司法审判的现场观察，或者至少源于法官们的口述式回忆。换言之，"司法式"关于法律规则的介绍均有实际案例作为支撑，所以它的法律描写也更加地生动和形象。可以举个例子，《蒂夫人的正义与审判》虽然也介绍了各种法律规范，但是它的第三章特别有意思,名为"法庭上的一天"。当你看到这样一个题目的时候,是不是有种在观看纪录片的感觉?这种写法是过去的法律民族志中前所未见的。也就是说,这一章写的不是具体的规范,而只是告诉大家,我(人类学家)在当地旁听了一天的审判,这一天的法庭是怎样运转的,整个流程是怎样的,所以就特别地生动和形象。

现场观察司法审判也要求学者们必须掌握当地人的语言,不能再依靠翻译了。因为庭审是即时进行的,想要懂得法庭上各方说了什么,只能靠自己去听,毕竟当时还没有什么同声传译设备。当然,这里可能又产生了一个问题。如果大家看了《流浪地球2》的话,就会发现,里面持不同语言的人都在使用同声传译设备。我想,在不久的未来,这种设备一定会得到广泛推广。那么,人类学家在异文化社会中从事田野调查时是否也可以使用这种设备呢?当然,这不是我今天要讲的重点。

也由于这种范式观察到了法律规则的司法适用,所以较之"概览式",其在最后的结论部分往往能够做出进一步的学理探讨。比如,波斯比西在《卡波库巴布亚人和他们的法律》一书的第四部分讨论了法律的属性和权威的属性。当然,这种普适性讨论最深入的要属格拉克曼的《北罗得西亚巴罗策人的司法程序》(*The Judicial Process among the Barotse of Northern Rhodesia*)。进入第三个部分的讨论以来,我一共介绍了四五本书的目录。如果各位跟着我所讲的这个学术脉络一直在认真听,那么接下来,当你看到《北罗得西亚巴罗策人的司法程序》的目录时,你就会明白,为什么格拉克曼被称为"二战"以后最重要的一位法律人类学家,且没有之一。因为对于过去的法律民族志来说,这本书的体例是全新的。它依次介绍了,法官的任务,交叉询问与证据的评估,法律规则、习惯和伦理,司法逻辑和法律渊源,法律概念的确定性与不确定性的悖论,洛兹司法过程中的一些比较含义以及司法过程的社会背景。大家会发现,它的体例不再是这个地方有哪些规则(尽管它的写作目的也是试图了解这些规则),而是通篇围绕司法裁判的学理而展开,具有非常明显的法学研究的特征。由此,法律民族志与政治民族志逐渐分道扬镳,这也标志着法律人类学开始走向独立的发展之路。当然,从今天来看,法律人类学绕了一圈又回到了政治人类学的"身边",换言之,如今的法律人类学与政治人类学又"混合"在一起了。我个人也很提倡一种"政法人类学"的研究。

此外,通过格拉克曼及其代表作我还想扩展地谈一下学术谱系式阅读的重要意义。我们"法律人类学云端读书会"的经典阅读计划的一个最显著特点就是,按照学术谱系来阅读,即按照作品的出版时间来阅读,而不是"挑"着读、"跳"着读。因为一部优秀的学术作品起码有一个最低标准,即它得尽可能地与前人做学术对话。所以,这种作品不可能不受到前人作品的影响。因而,只有按照出版时间,我们才能发现前后两部作品的学术传承关系,才能发现某部作品的优缺点和创新之处。格拉克曼的这本书当然非常重要,但是如果你上来就读这本书,或者从后往前读,你可能就没法意识到这本书对于法律人类学和法律民族志发展的里程碑意义。

好,以上是第二种写作范式。

第三种为"过程式"。

这种写作范式依然关注纠纷解决,但与"司法式"的区别在于,其重点考察的是法庭之外的纠纷解决,即,社会如何处理纠纷,纠纷的处理结果对个人和社会产生了哪些影响?比如,原被告闹矛盾之前,他们是否认识?如果认识,他们之间的关系怎么样?再比如,打完官司之后,原被告的关系又有哪些变化?你(人类学家)在现场旁听法庭审理,是不可能知道的。所以,想要讨论这些问题,人类学家必须走出有着固定地点的法庭,深入社会当中,以纠纷发展的前因后果为线索,观察法律发挥其定分止争功能的实际过程。

一般认为,格利弗(Gulliver)的《一个非洲社会的社会控制:阿鲁沙人(北坦噶尼喀的农耕马赛人)研究》(*Social Control in an African Society: A Studyof the Arusha: Agricultural Masai of Northern Tanganyika*)是这种范式的开创者。这本

书的重点是第四部分——纠纷解决程序。其具体又包括：纠纷解决的场所、公共集会的程序、相互能够接受的协议、关联关系人之间的纠纷解决、非关联关系人之间的纠纷解决等问题。这里面，每个问题都是此前法律民族志研究没有讨论过或者没有认真讨论过的。比如，纠纷解决的场所，即在哪里讨论和解决纠纷？是在原告的家里还是在被告的家里？还是在头人或酋长的家里？还是在公开的广场？场所的不同对纠纷的解决会有不同的影响。再比如，关联关系人与非关联关系人在解决纠纷时也会采取不同的方式。大家想想看，比如你在开车，本来开得好好的，突然被追尾，你当然会感到生气，肯定会马上报警，但是下车发现，追尾的司机竟然是你的高中同学，那么这起交通事故可能就会有另外一种解决方式了。所以双方当事人是否认识是影响纠纷解决的一个重要因素。

再比如，克劳斯-弗里德里希·科赫（Klaus-Friedrich Koch）在《贾勒莫人的战争与和平：新几内亚高低的冲突管理》（*War and Peace in Jalemo: The Management of Conflict in Highland New Guinea*）中区分了三种类型的冲突与冲突管理，分别为亲属之间的冲突、邻居之间的冲突、陌生人之间的冲突；凯西·威蒂（Cathie J. Witty）在《调解与社会：黎巴嫩的冲突控制》（*Mediation and Society: Conflict Management in Lebanon*，以下简称《调解与社会》）中详细展示了黎巴嫩贝卡谷地中部的一个村落通过调解控制纠纷的具体过程，并重点考察了当地专门从事调解工作的"瓦茨塔"（Waasta）。有趣的是，该书所介绍的黎巴嫩乡村的纠纷解决与中国乡土社会的纠纷解决可谓如出一辙。有不少关于中国传统司法或法律文化的研究都认为，中国人爱面子，有了矛盾不喜欢打官司，而是倾向于通过其他非正式渠道来解决纠纷。而《调解与社会》一书中所展示的黎巴嫩人也是如此，他们也爱面子，也不喜欢打官司，也是倾向于依靠村长或中介（"瓦茨塔"）来解决纠纷。所以，我在阅读此书时，产生了一种错觉。我不知道我是在读一本黎巴嫩的书，还是在读一本传统中国法律文化的书。

从整体上看，"过程式"法律民族志关心的不再是法律规则的类型和内容，而是这些法律规则在纠纷解决和社会控制中发挥作用的具体方式。也正是因为这种研究不再关心法律规则的具体内容和地方特色，所以其也更容易提出一些具有普遍意义的学术观点。因而，这就是为什么我在阅读《调解与社会》一书时会产生黎巴嫩与传统中国很相似的错觉。比如，《调解与社会》一书通过对黎巴嫩纠纷解决过程的研究提出了关于纠纷调解的九大准则：

  1. 纠纷当事人之间持续保持着某种程度上的私人交往关系；2. 双方愿意在一个非官方的平台内进行协商；

3. 双方都愿意表达各自的需求；4. 有着一个共同的文化或群体共识；5. 存在着与对方继续保持交往关系的意愿或必要性；6. 双方认为在这个纠纷中能够保持相对的平等关系；7. 地位、荣誉、头衔这些无形的社会资源以及个人的满足感在重要性上不亚于或高于金钱、财产、土地等有形的社会资源；8. 达成协议比是非曲直更重要；9. 人们更倾向于遵守他们所能够理解的内部协议，而不是外部强加的协议。①

这九条规则是凯西·薇蒂基于对黎巴嫩的调查经验而得出的。我想问问大家，这些规则仅仅适用于黎巴嫩吗？在其他国家，比如中国，当我们要调解一个纠纷的时候，这些规则有没有参考性呢？我想，肯定也会有的。所以这就是第三种写作范式的特点，它会提出一些具有普适性意义的模型或观点。大概也就是从这个阶段开始，一些比较重要的人类学家开始加入了美国的"法律与社会研究运动"。而且这些人类学家也不会过于强调自己的人类学家的身份，而是想要努力构建一个泛化的"法律与社会研究"的共同体。而在此之前，人类学家往往很难参与进来。因

---

① Cathie J. Witty, Mediation and Society: Conflict Management in Lebanon, Academic Press, 1980, p. 10.

为在过去，人类学家关心的更多的是强调地方性特征的法律规则。而到了"过程式"的写作范式，人类学家可以讨论更多普适性的议题，当然也就更容易与法学、社会学等领域的学者开展学术对话。

第四种为"话语式"。

所谓"话语式"，即，把法律当作一种话语实践和观念意识来研究。这里要说明一点，由于我对最近三十年来法律人类学的最新发展了解得并不足够，因此能否用"话语式"来涵盖近三十年的主流研究范式，我也不确定。当然，之所以会首先想到"话语式"这个称谓又是受到了萨利·安格尔·梅丽（Sally Engle Merry）的代表作《诉讼的话语——生活在美国社会底层人的法律意识》（*Getting Justice and Getting Even: Legal Consciousness Among Working-class Americans is Licensed*）的强烈影响。我认为，在为数不多的法律人类学译著中，最适合入门阅读的是梅丽的这本《诉讼的话语——生活在美国社会底层人的法律意识》。该书以民族志的方式考察了美国新英格兰地区基层法院经常使用的三种话语，从而"深刻地揭示了法律话语是如何以社会分化和需求为基础的"。举例说明，梅丽发现有些当事人会因为鸡毛蒜皮的小事告到基层法院，而美国基层法院的案件审理压力也非常大，所以法院并不希望受理这些"垃圾"案件。因而，法院就会想方设法地把这些案件推掉。由此，不同话语的碰撞和对比就出现了。当事人会使用法律话语,援引法律知识来证明自己起诉的合法性;法院的法官或调解员反而会使用疗伤话语或道德话语,比如,"他工作很辛苦,因而变得紧张和沮丧",或者"他的童年很不幸,而且他的家漂浮不定,常常搬来搬去"……①除梅丽这本书之外,约翰·康利(John M. Conley)与威廉·奥巴(William M. O'Barr)在合作出版的《规则与关系:法律话语的民族志》(*Rules versus Relationships: The Ethnography of Legal Discourse*)中分析了美国六个城市的十四个小额索赔法庭中诉讼当事人和法官使用的各种语言,并由此"刻画出一幅关于法庭交流细节的语言图景"。

图二　法庭交流细节的图景

---

① 参见 [美] 萨利·安格尔·梅丽:《诉讼的话语——生活在美国社会底层人的法律意识》,郭星华、王晓蓓、王平译,北京大学出版社2007年版,第157—158页。

伊丽莎白·默茨（Elizabeth Mertz）认为，这两部作品提供了一种此前三种范式都没有尝试过的研究视角，即"法律语言在社会权力实践过程中发挥作用的方式"。

其实，芝加哥大学出版社"法律与语言系列"在1990年同时出版了三本书。第一本是梅丽的这本专著，第二本是约翰·康利与威廉·奥巴的这本合著，而第三本则是苏珊·伯克·塞利格森（Susan Berk-Seligson）的《双语法庭：司法过程中的法庭口译员》(*The Bilingual Courtroom: Court Interpreters in the Judicial Process*)。这本书也很有意思，作者苏珊通过七个月的田野调查，收集了美国联邦、州和市级法院超过100小时的西班牙语/英语法庭诉讼录音，制作成双语誊稿，再对比外语（如西班牙语）证词和英语翻译，归纳出常见的口译差异，再通过模拟陪审团，进行心理语言学实验，从而探讨口译差异是否影响听者（如陪审员）对说话者的印象及其影响程度。她发现，口译员在翻译时的用词对于被告是否定罪有着一定的影响。①

以上介绍的三本研究法律话语和法律语言的作品虽然非常精彩，但必须指出的是，它们还是围绕着纠纷解决而展开的。因为这三本书的研究对象还是法院的纠纷处理。从某种

---

① 此处来自清华大学法学院2022级法律硕士研究生庞键铿对于《双语法庭》一书的内容总结。

程度上讲，它们的法律民族志研究依然是纠纷民族志。到了20世纪90年代后期，有些学者终于跳出了纠纷研究的束缚。比如，罗斯玛丽·库姆比（Rosemary J. Coombe）的《知识产权的文化生活》(*The Cultural Life of Intellectual Properties*) 就是一本超越纠纷的法律民族志。该书讨论的是商标、名人的保护标志以及政府权威的标志是如何占据现代人的生活空间和意识的。比如，可口可乐的标志、玛丽莲·梦露的形象以及政府机构的特定标志均为大众所熟悉，但大众却不能自由使用。所以，罗斯玛丽提醒我们，谁拥有并控制着这些标志或符号，这种的控制的背后蕴含着哪些经济或政治意图？① 另外一本我经常引用的当代法律民族志是万安黎（Annelise Riles）的《担保论：全球金融市场中的法律推理》(*Collateral Knowledge: Legal Reasoning in the Global Financial Markets*)。这本书描写了一个由文件编制员（由未能通过司法考试的法学院毕业生所充当）、金融管理机构（日本大藏省）、精英律师事务所（三井律师事务所）以及法学专家（比如新堂幸司教授）所组成的一个国际金融市场。

通过最后这两部法律民族志，我们可以发现，当代的法律人类学研究早就不再只是关于部落社会或乡土社会习惯法

---

① 参见［美］萨莉·法尔克·摩尔：《仍在继续的历程：法人类学动荡的五十年（1949—1999）》，李婉琳译，载《社会中的法理》2010年第2期，第205—206页。

的研究了。如今的法律人类学的研究对象和议题非常"时髦"。当然，我这里更想强调的还是它们的写作范式。摆脱了纠纷研究束缚的后两部作品在写作模式上也更加地"自由"，可以完全不考虑过往法律民族志的写作范式，可以随意地围绕研究主题来安排著作的篇章结构。比如，《担保论：全球金融市场中的法律推理》一书依次介绍了论法律技术：什么是担保，专家治国，拆解专家治国；占位符：对哈耶克式金融监管批评的商榷，虚拟的透明度；全球金融治理：由设计到技术。① 从这个目录来看，我们甚至已经无法判断它究竟是不是法律人类学研究了。换言之，这种类型也不再突出过往人类学作品中的地方性特征，以至于其与法律社会学的区别也不再显著。从整体上看，"话语式"法律民族志并没有统一的篇章结构，甚至很难仅仅通过目录将其归类为一种类型。

以上就是我所介绍的四种法律民族志的写作范式。基本上也就是法律民族志的发展简史。我再稍微总结一下。

以上四种法律民族志范式，从时间上看，大致具有递进关系。不同的范式对于研究方法、翻译与语言习得、参与式观察的频率和程度、篇章布局的想象力都有着不同的要求。

---

① 参见［美］万安黎：《担保论：全球金融市场中的法律推理》，江照信等译，中国民主法制出版社2013年版。

从"概览式"发展到"话语式",法律民族志更加关注法律在社会生活中的运行状态和表现形式,也更加积极地试图提出带有普遍主义特征的学术观点。但我们绝对不能简单地认为,第四种研究范式就要优于前几种范式。在我读硕士的时候,有个粗浅的看法,即,一种范式取代另外一种范式,那么一定是被替代的范式存在错误,所以才会被新的范式所取代。直到后来,随着阅读的不断深入,我才明白,人文社会科学研究在本质上都是对社会现象的解释。既然是解释,就没有绝对的对错之分。那么,为什么会出现范式转移或范式转换呢?这是因为,学术研究有其自身的特点,它在不断地发展变化,同时也会受到社会、政治、经济等因素的影响。一种范式渐渐式微只是表示它对社会现象的解释不再流行,所以就会被一种新的范式(解释)所取代。就法律民族志的四种写作范式而言,其实各有千秋。比如,最早出现的"概览式"范式实际上发挥了一种相对客观的记录和保存功能,而"司法式"则可以最大程度地彰显出法律人类学的研究特征,可以规避同政治人类学或法律社会学趋同的"风险"。

四、法律民族志研究的意义

关于法律民族志的意义,我打算分三个层面来介绍:学术、实践与学科。

第一，法律民族志研究的学术意义。

如果把法律当作一种社会现象，那么，除法学以外，还有很多学科都曾关注过这种现象。所以就出现了法律社会学、法律经济学、法律政治学、法律心理学这些交叉/分支学科。那么，既然有了这么多关于法律的社会科学研究进路，为什么还需要法律人类学呢？这个问题也直指法律人类学存在的意义。我认为，相对而言，人类学的法律研究是所有社会科学当中最生动的。为什么呢？我们还是举《阿凡达》的例子。法律民族志更多地相当于拍了一部关于潘多拉星球那威人的电影。而其他的法律实证研究有点像是关于那威人的图片展或连环画。连环画当然是生动的，可能比只有文字的小说要生动地多，但和电影相比，还是稍逊一筹。因为连环画只是一张张静止的图画（片），而电影则是动态的画面。我认为，法律民族志就相当于关于法律现象的电影，在所有学科当中，它对于法律现象的描述是最为生动的。

当然，这并不代表法律人类学的研究就一定优于法律社会学。因为不是所有的法律人类学研究都是优秀的，有不少法律民族志作品都在拾人牙慧。法律民族志的创新点不在于它研究了一个新的对象，而在于它的问题意识和理论模型相较于前人有所推进。如果没有这方面的创新，而只是展示了一个新的研究对象，那么，这种民族志研究就是平庸之作。这就是为什么《阿凡达2》没有第一部经典和"好看"的原因。

第二，法律民族志的实践意义。

法律民族志本身就是一种关于法律实践的研究，所以它的实践意义其实是不言自明的。当然，这里的实践意义是指民族志关于法律实践的展示和讨论。而我更想强调的是，法律民族志还可以反过来影响实践。关于这种实践意义，我印象最深刻的是刚才提到的沙佩拉的《法律与习惯》。据说，直到今天，博茨瓦纳的习惯法庭还会援引这部法律民族志作出裁判。法官们在判决书中会把这部作品当作茨瓦纳人的"习惯法典"。① 我们可以发现，对于 21 世纪的博茨瓦纳的习惯法庭而言，这部由法律人类学家用英语完成的作品竟然变成了具有传统意义和地方文化特征的权威依据。这一现象告诉我们，法律人类学与殖民政府以及部落社会的关系是极为复杂的。法律人类学的殖民背景是不能"洗白"的，它在服务于殖民统治的过程中一定存在着对习惯法的误解和破坏，但与此同时也为当地人民记录了传统文化。因而，沙佩拉本人也受到了独立后的博茨瓦纳人的尊敬。博茨瓦纳大学向他授予了荣誉博士学位，首都哈博罗内甚至有条道路直接以"沙佩拉"来命名。②

---

① Suzette Heald, The Legacy of Isaac Schapera (1905-2003), Anthropology Today, Vol. 19, 2003, pp. 8-9.
② Jean Comaroff, John L. Comaroff and Isaac Schapera, On the Founding Fathers, Fieldwork and Functionalism: A Conversation with Isaac Schapera, American Ethnologist, Vol. 15, 1988, pp. 554-565.

当然，法律民族志的实践意义绝非如此。实际上，在我看来，今天中国法律人类学的发展之所以不如法律社会学、法律经济学等其他交叉学科，有一个重要原因在于，它重要的实践功能和意义并没有展示出来。因为当代的法律人类学并不仅仅只是一种学术研究，它还是一种实践和应用。法律人类学/民族志对于预防和化解纠纷、产权和环境保护、普法与社会和谐稳定都有着重要的实践意义。当代的中国学人应该把法律人类学的这些实践意义展示出来，应该更多的创作反映中国法治实践的民族志！

第三，法律民族志的学科意义。

这里的学科意义是指，法律民族志对于法律人类学这门学科的意义。其实就是我今天反复强调的，法律民族志与法律人类学的一体性。如果没有法律民族志，也就没有法律人类学了。我可以再举两个例子，就是两部大家可能会比较熟悉的作品。大家会发现，我今天关于法律民族志简史的介绍并没有提到中文世界最有名的两部与法律人类学有关的作品，一部是霍贝尔的《原始人的法》，另一部是格尔茨的名篇论文《地方性知识：事实与法律的比较透视》（以下简称为《地方性知识》）①。很多中国学者一提到法律人类学就会

---

① 参见［美］克利福德·吉尔茨：《地方性知识：事实与法律的比较透视》，邓正来译，载梁治平编：《法律的文化解释》（增订本），生活·读书·新知三联书店1998年版，第73—171页。

提到这两位学者和这两部作品。那么，我为什么没有提呢？因为它们根本就不是法律民族志，所以就不是典型的或标准的法律人类学了。

大家可以看看霍贝尔的《原始人的法》的目录，尤其是它的第二编。它包括：第五章原始无政府状态下的爱斯基摩人的基本法；第六章北吕宋岛伊富高人的私法；第七章形成中的平原印第安人部落：科曼契、凯欧瓦和日西延的法；第八章特罗布里恩德群岛：布朗尼斯拉夫·马林诺夫斯基眼里的原始法；第九章阿散蒂君：主立宪制和公法的确立。这里面，除第七章的部分材料是霍贝尔本人通过调查所获取的以外，其他所有内容的来源都是别人所写的法律民族志。所以这本书更像是一部比较法学的作品，并不适合当作法律人类学的入门读物。

再说格尔茨的《地方性知识》。最近几年，我在各种场合包括自己的学术写作中一直反复强调一个观点，想改变大家对于格尔茨的认知，即格尔茨不是法律人类学家，他也没有做过法律人类学研究。这篇"名作"——《地方性知识》是格尔茨于1981年在耶鲁大学法学院做讲座的发言稿。他之所以会受到耶鲁大学的邀请不是因为他研究法律人类学，而是因为他的阐释人类学研究影响很大。由于格尔茨没有做过专门的法律研究，所以这篇《地方性知识》在逻辑和材料上均存在"硬伤"。关于这个问题,我另有撰文,此处就不再赘述了。①

最后,再稍微总结一下。我的汇报演讲最终以对格尔茨"名作"的批评而结束。之所以这样安排是希望通过这个例子告诉同学们,对于法律人类学/民族志的研究和理解切忌人云亦云,也不能望文生义地认为法律人类学就是关于人类的法律研究,进而想象式地空谈。讨论法律人类学一定要以我刚才所列举的这些法律民族志作品为基础。需要持续不断地阅读经典,对于经典的法律民族志作品阅读得越多,也就越能够掌握这个学科的发展脉络和理论关切。

谢谢!

答疑与互动

问题一:既然法律民族志是一种写作范式,那么怎样评价这种写作的主观性与客观性的问题?

回答:如果说在人类学出现"写文化危机"之前它是一个问题的话,那么,今天,它可能不再是一个问题了。因为此前,人类学一直在标榜其研究的客观性和科学性。但是今天的人类学已经不再这样自我标榜了。所以,有人说,今

---

① 参见王伟臣:《人类学家在法学院讲什么——格拉克曼与格尔茨的讲座比较》,载《法律和社会科学:法律人类学在中国(学说)》(第 20 卷第 1 辑),法律出版社 2023 年版,第 343—360 页。

天的人类学和文学写作比较相似。我觉得是有道理的。今天的（法律）人类学研究所强调的（研究者）个人体悟式的观察正是这门学科的独特之处。这也是法律人类学同法律社会学的一个重要区别。

问题二：国内的法律民族志研究都有哪些作品？

回答：早在民国时期，林耀华的《金翼：一个中国家庭的史记》、严景耀的《中国的犯罪问题与社会变迁的关系》等作品就具有了"法律民族志"的特征。改革开放之后，法律人类学开始重新起步，首先出现了一批译著和推介作品。2000年以后，不断有中国学者出版法律民族志作品。比如朱晓阳的《小村故事：罪过与惩罚 1931-1997》、赵旭东的《权力与公正——乡土社会的纠纷解决与权威多元》都是典型的法律民族志。董磊明的《宋村的调解：巨变时代的权威与秩序》和丁卫的《秦窑法庭：基层司法的实践逻辑》也可以归类为法律民族志研究。此外，本书的另一位作者尹韬的博士学位论文《嫁接：戏曲与妇女法在当代中国农村的转译》(*Grafting: Opera and the Translation of Women's Laws in Rural China*) 也是典型的法律民族志。

问题三：刚才老师介绍的法律民族志作品似乎都是共时性的，那么，有没有历时性的作品呢？

回答：当然有，比如第三种范式"过程式"就具有历时性的研究特征。关于这种范式，有一本书我没有提到，即琼·斯塔尔（June Starr）的《土耳其乡村的纠纷与处理：一个法律民族志》（*Dispute and Settlement in Rural Turkey: an Ethnography of Law*）。这本书以历史变迁为背景描述了土耳其穆拉省（Muğla）博得鲁姆地区（Bodrum）曼达林茨村（Mandalinci）的乡村居民在纠纷解决中是如何谋划策略以维持荣誉或竞争稀缺资源的。此外，马丁·沙诺克（Martin Chanock）的《法律、习俗与社会秩序：马拉维与赞比亚的殖民经验》（*Law, Custom and Social Order: The Colonial Experience in Malawi and Zambia*）等作品在批判殖民主义的同时都采取了历时性的研究模型。

问题四：既然第四种写作范式已经泛化为一种广义的法律与社会研究，那么何以称其为（法律）人类学的范式？

回答：这个问题的确是当代法律人类学需要回应的问题。其实，早在2008年，曾担任国际法律多元研究会会长的弗朗兹·范·本达-贝克曼（Franz von Benda-Beckmann）教授就指出，传统意义上的法律人类学已经丧失了特性，基本上与法律社会学实现了混同。① 因为，作为一种方法的田野调查早就溢出了人类学学科，蔓延到了社会学、政治学、经济学等学科。不过，强调长时间的（至少一年以上）参与式观察

---

① Franz von Benda-Beckmann, Riding or Killing the Centaur? Reflections on the Identities of Legal Anthropology, International Journal of Law in Context, Vol. 4, No. 2, 2008, pp. 101-102.

的田野调查方法仍然还是人类学的专长。

当然，另一方面，学科分类是 19 世纪社会科学学科化的产物，是人为的创设。几乎没有什么社会现象只能归属于某一学科。只要能够帮助我们深入了解这些社会现象，至于是法学、社会学还是人类学、经济学其实并不重要。法律社会学、法律人类学这些交叉研究的出现本身就体现了一种试图打破学科边界的努力。法律社会学与法律人类学的"混同"并非坏事，它说明距离彻底打破学科壁垒已经不再遥远了。我们应该鼓励、提倡这种泛化的综合使用多种学科方法的"法律与社会研究"。

第三讲
什么是田野调查

—— 孙旭

对人类学学者而言，田野调查既是一种获得资料的技术和方法，也是研究者慢慢打磨出的看待世界、与人互动的独特方式。方法和研究相互增益，田野与人生相辅相成，随着田野调查的深入，研究者对世界、生活、生命的认识也会逐渐丰富，又会增益后续田野工作的经验与眼光。为了更为全面地认识什么是田野调查，这一讲就将从为什么要去田野做调查、人类学研究的基本过程、田野调查的确立与发展、田野调查方法与实践这四个方面，来回答这一问题。

一、引言　为什么要去田野做调查

几位人类学家对田野调查意义的阐述，有助于我们思考为何田野调查成为了人类学研究的核心方法。

加拿大人类学家韦德·戴维斯（Wade Davis），同时也是一位国家地理的签约探险家，双重身份令他可以在世界各地形形色色的人群中穿梭。他带着人类学眼光将这些不同人群的生活记录下来,并写成了一本叫做《生命的寻路人:古老智慧对现代生命困境的回应》的著作,在书中他写道:

> 身为人类社会学家,我们所受的训练使我们相信历史与文化是影响人类事务的首要关键。人类学始于试图解读相异的他者,希望能够籍由接纳各种独特新奇的文化特色和可能性,使我们更能欣赏并理解人性及人类本身。
>
> ……
>
> 科学只是获取信息的方式之一,而科学的目的也并非得出绝对的真理,而是激发我们,让我们以更好的方式去思考各种现象。①

从戴维斯的角度来看,他的自我使命感带着很强的人文关怀,同时潜在地表达着对西方中心主义的批评和反思,不是简单地认为整个世界在趋同,不以一套价值体系或知识体系去评判世界各地的人。人类学走向世界各地形色各异的人群生活之中的目标,不是为了去寻找绝对的真理,而是不断

---

① [加]韦德·戴维斯:《生命的寻路人:古老智慧对现代生命困境的回应》,高伟豪译,北京联合出版公司2014年版,第10—16页。

去寻找更好的方式去思考各种各样的现象。所以人类学的田野调查，有助于培养建立一种跨文化比较和理解的眼光，欣赏不同的文化，在趋同的世界保持对多元性和可能性的追求，并发现其中的韧性。

要实现这一人文追求，就要从事实出发、从经验出发，回到人们的日常生活之中，对具体的人，他们的人生，他们的生活的意义深入把握。就如格尔茨提倡的"深描"，去田野不仅是为了收集资料，还要通过对文化的阐释呈现特定人群的意义世界。因而很多人常会引用格尔茨的一句"名言"来说明田野调查的这一特点：

> 人类学家不研究乡村（部落、集镇、邻里……）；他们在乡村里作研究。①

乍一看，这样的说法想要表达的是，我们的研究地点不等同于我们的研究问题，我们其实是带着一定的问题去到一个具体的地方开展田野调查的，思考的可能是一个很大的、超越这个地方的问题。但如果细究格尔茨在这句话之后的论述，其实他对于两种说法都做了否定，即人类学家不是在研

---

① ［美］克利福德·格尔茨：《文化的解释》，纳日碧力戈等译，上海人民出版社1999年版，第25页。

究村庄，也不是在村庄里做研究。为什么这么说呢？格尔茨是要用这样强烈的、看起来有点反直觉的说法，对某些流行的研究取向进行批评。于前者，针对的是那种个案研究代表性的取向，这样的取向，容易将在一个地方获得的认识类型化或模式化，认为对小地方经验予以结构性的或机制性的阐释，就可以形成一套放之四海而皆准的解释，在格尔茨看来，这样的取向结果往往是一叶蔽目，以偏概全。于后者，针对的是那种拿着理论到一个地方证实或证伪的研究取向，仅仅将田野调查点当作理论反思的来源，实际上并不是真的关心调查地点、那里的人群的生活实际是怎样的，反而只是要在这里有一些新的发现，可以让我回到书院之中，对于整个学术场域里面的某种理论进行反思或推进，以此获得学者个人的理论声誉。

格尔茨的批评，和他在 20 世纪 60 年代以来经历的学术场域变化不无关系，他针对的正是当时大学学术和学科发展过于追赶理论，又与现实社会脱节的问题。格尔茨的双重否定，实际上要表达的反而是双重肯定——我们既是在研究村庄，也是在村庄里做研究。就如他在自传里表达的：我们要做的，是在现代性和全球化让每一个具体地点都成为人类生活体系一部分的背景下，将一些认为人类趋同的分析概念与理论，如世界体系、霸权、市场经济、自由主义、阶级等，置入鲜活的生活世界中理解，同时看到被卷入世界的人和这个世界发生的变化，从而达至对他者、自我、世界、人生意义多层面的理解。①

因此，基于田野调查的人类学研究，尽管重点在发现意义，但首先它得是一门事实之学，从事求知。面对当下这样一个全球化的世界，人、物、观念在不断的流动，但同时引发了各种矛盾、争斗和不平等，我们要做的，不仅是对我们的调查对象的理解，也不只是对我们自身社会生活的理解，更重要的是可以认识到这个寰宇互联的世界正在发生怎样的变化，对在这样一个变动不居的世界中人为何而活的问题，我们也可以获得更为深入的理解。理论反思固然重要，但要特别立足于经验、立足于实地，学术的研究意在增进对地方社会的理解，最好是能够促进地方社会和人群生活的改善。

人类学逐渐变成了理论推演和智力游戏而与现实越来越脱节，英国人类学家埃德蒙德·利奇（Edmund Leach）在评述当时人类学发展时也发出了类似的感慨。费孝通先生对这位同为马林诺夫斯基门下的同学做了回应，并也说明了彼时在中国做田野调查的特别意义：

---

① 参见［美］克利福德·格尔茨：《追寻事实：两个国家、四个十年、一位人类学家》，林经纬译，北京大学出版社2011年版。

西方人类学门内至少有一些学者把它作为表演才华的戏台，或是更平易一些，是一种智力的操练或游戏，或竟是生活中的消遣。我本人对这些动机并无反感。在一个生活富裕，又是竞争激烈的社会里，当个人谋生之道和社会地位已经有了保证之后，以人类学来消磨时间或表现才能，确是不失为一种悠悠自得的人生。可惜的是，我自己明白，我没有条件这样来对待这门学科，事实上也走不上这条路子；即便走上了，也不会觉得愉快的。

……

我是出生于二十世纪初期的中国人，正是生逢社会的剧变，国家危急之际。从我的这种价值判断出发，我之所以弃医学人类学是可以为朋友们所理解的。我学人类学，简单地说，是想学习到一些认识中国社会的观点和方法，用我所得到的知识去推动中国社会的进步，所以是有所为而为的。①

费孝通先生说走不上那条以人类学来消磨时间或表现才能的路，为什么？回到具体的时代，费孝通先生表达了彼时中国知识分子的自觉，这些学科的引入和学习绝不简单是

---

① 费孝通：《人的研究在中国——个人的经历》，载《读书》1990年第10期。

一种学院内的游戏、象牙塔内的智力竞赛,而是与中国之发展密切相关。当时对田野调查的强调,就是要特别地到民间去,进入社会之中,理解中国、认识中国,基于从社会生发出来的知识,寻找一套推动社会进步的方案。所以,提到差序格局、无讼、双轨政治、乡镇手工业,都不是简单的理论概念,而是在思考中国社会如何能够再整合起来,如何能够植根乡土,找到适合中国乡村的发展道路,而不是简单地将之视作贫病愚私,再拿一套外来的理论方法进行改造就好。

人类学从进入中国以来就一直有这样的抱负和作用,它是一种为公之学,为公也为己。个人的成长和家国的命运联系在一起,只有当我们对自己生活的这片土地有足够真切的认识并积极地参与改变,我们才能找到安身立命之所在,反过来丰富自己的生命。

戴维斯、格尔茨和费孝通从不同角度说明了做田野调查的意义。我们今天要去做田野调查,同时蕴含着这三个层次,既要保持着跨文化理解的人文关怀,又要对事实有深入的探求而不是被宏大的概念遮蔽双眼,更要通过田野调查认识社会并做出具有公共价值的行动。

二、人类学研究的基本过程

对于人类学研究而言,田野调查不可或缺,但它也只是整个人类研究中的一部分,还需要和其他方面相互配合。通常来说,人类学研究的基本过程包含知识学习、田野调查和写民族志三个环节。

(一) 知识学习

人类学要掌握的知识比较复杂。人类学追求整体地认识人,就不能仅限于社会与文化。我们需要掌握考古学的知识,因为要对人类过去的生活、对人类文明的发展有基本的了解;还需要掌握语言学的知识,语言不仅用于交流,同时还承载着使用者的知识和观念,对于人们的交流、思维,也具有一定的塑造作用,因此我们不仅要去学习研究对象的语言,而且还要研究他们的语言及其使用。同时,我们还要有生物学或体质人类学的学习,因为人是文化与自然的综合体,人们的生活是在与自然互动中形塑的,作为自然一部分的人的生物特点不能被忽视,而且我们还要兼顾人的身体发展与心理的发展。在全面的知识之中,我们还是会对特定的领域更感兴趣、更加专注,人类学也形成了诸如法律人类学、政治人类学、经济人类学、历史人类学等跨学科领域,要求我们更多地学习掌握相关领域的知识和理论。

(二) 田野调查

有了一定的知识储备后,通过理论学习、经典阅读和现象观察，产生了特别的问题，就要开始田野调查了。可能有人会问，人类学不是应该一开始就去做田野调查吗？不是要获得那些从事实出发、从经验出发的知识吗？我们不是要反对那种理论先行遮蔽现实的研究吗？为什么还要学那么多理论呢？这些问题都是对的，但不代表我们什么都不学就可以开展田野调查，因为，没有理论的田野调查是盲目的。理论是一代又一代学者的智识积累，是一种对社会不同层次、不同面相、不同状态进行归纳把握的努力，虽然抽象，仍能指引我们认识社会。

比如说，如果没有"差序格局"这样一个理论概念，我们去田野的时候，观察人际互动，可能会特别空泛，不易察觉一个人跟他的亲朋好友因亲疏远近而在交往上的差异，更不会去想其背后产生的社会文化积淀是什么。但要注意，如果在田野中唯理论是瞻，那也是盲目的。例如，我们相信中国就是一个差序格局的社会，去到中国的任何一个地方，看到任何人的活动，都说，"看，这是一个差序格局！"，那做研究的意义也就丧失了。现在已经有很多学者都在反思，在今天这样高速流动和逐渐个体化的社会里，哪怕是乡土社会，也从原来的熟人社会，慢慢变成了半熟人的社会，很多陌生人也来到乡土社会之中，所以人和人之间的关系，就不一定会还按照传统的伦理与亲属关系，从自己出发以亲属关系来指导。大家可能因为利益、权力或其他原因建立起一套与传统截然不同的结群方式。我们需要理论的指引，也要看到现实的变化。

现代田野调查最基本的方式就是参与观察，我们要参与到人们的生活中、参与到各种各样的活动中，在参与的过程中观察，同时不断地进行深度访谈。深度访谈不同于结构或半结构访谈，虽然也有方向性的问题大纲指引，但大多数都是随即发生的、开放式的深入聊天。因为研究者长期的参与、观察，生活的时间足够久、交的朋友足够多，成为了地方人群都熟悉的一份子，大家也就能够慢慢敞开心扉，在聊天中把一些他们更深层次的、情感性的思考袒露出来。在长期的参与观察与深度访谈中，研究者对地方性知识的掌握也在慢慢积累，开始懂得如何提出与当地社会相契合的问题，提出能够让当地人理解、愿意去谈论他们的所思所想的问题，而不是我们从书本上学来的或者自己构想出来的问题。

（三）写民族志

在调查开展的过程中，就要开始写了，好记性比不上烂笔头，不停地写，做笔记，整理笔记，最好还要在笔记之外每天抽出时间记日记，记录自己每日的心得体会，感受自己在田野中的变化。田野调查者的形象，常常都是在记录笔记的样子。有了这些问题、体验和笔记的积累，最后，便是撰写民族志了。提到民族志，可能有人会以为就是把一个地方的人群生活方方面面记录下来、写出来就行，里面主要是包含地方知识信息和深度的故事。实际上，客观的知识信息和故事只是民族志的一部分。生动的故事当然重要，通过对活动、人物的刻画，对地方文化细节的深度把握与呈现，必须要依靠好的故事书写。但在写作故事的同时，还要有意识地进行一些跨文化的比较，以便更好地认识特定人群生活的特性，也可以看到这群人和其他人的某些共性。进一步，能否在此基础上进行理论提炼、理论反思，就需要研究者更为深度地思考和琢磨了。整个人类学的研究过程，尽管粗略分成了知识学习、田野调查和写民族志三个环节，但实际开展中要么是彼此叠加，要么是不断反复，并非一时一地一次就能完成，人类学研究是贯穿于研究者生活始终的志业。

三、田野调查的确立与发展

田野调查的理念与方法一直在发展变化，借顾颉刚讲古史的启发，我也把这个过程称为"层累堆积"。自从1900年前后，马林诺夫斯基及其老师们确立了田野工作的方法，其后的一百余年间，一些重要的学者基于他们特别的民族志研究，对方法论问题持续进行着开拓性的讨论，这个过程并非简单地推陈出新或断裂式的发展，"层累堆积"意味着从田野调查确立到今天，不同的学者确立或探寻的方法都交织在一起，沉淀在一起，共同构成了今天人类学家做田野调查时的基本图景。

19世纪末，已经有一批学者，走出书斋，步入田野，带着科学的态度和方法走向他们想要研究的人群，摆脱对那些船员、传教士或探险家带回来的二手、三手甚至四手资料的依赖。最具代表的，就是1898年由阿尔弗雷德·哈登（Alfred Haddon）主持，里弗斯（William Rivers）、赛里格曼（Charles Seligman）参与的托雷海峡的人类学探险。但这个时期的问题是，虽然他们走向了田野，但仍然和研究对象保持着一定的距离。他们相信一种科学研究，即要保持客观，就不能让调查对象受到干扰，不是走入对方的生活，而是通过科学的方法进行询问。他们将船停在港口，借助翻译，邀请土著过来，根据设计好的问题大纲逐一提问。这样一种孤岛式的、人类实验室式的调查，很快就受到了参与者的反思，他们不满足于和近在眼前的土著生活的疏离，仅仅依靠翻译也容易带来误解。

在这个过程中，变化逐渐发生，1912年英国皇家人类学学会编纂《人类学的询问与记录》时①，已经开始尝试从科学询问者向深入探访者的方向推进，1913年里弗斯撰写 Report on Anthropological Research Outside America 时，用更明

---

① 英国皇家人类学会编订：《人类学的询问与记录》，周云水、许韶明、谭青松等译，国际炎黄文化出版社2009年版。

确的田野方法进行了说明：

> 密集工作的精义，是有限范围、密集性和彻底性的合二为一。典型密集工作的一刻，是研究人员在一个四五百人的群体中住上一年，并且研究其生活和文化的每一个细节。在密集工作中研究者认识人群中的每一个人。他不以一般概括性的知识为满足，而用地方语言研究这些人生活和习俗特色的每一具体细节。只有经由这样的工作，一个人才能认识到等待探索者的知识领域竟是如此广大，即使在文化经过大幅度变迁的地方也不例外。只有经由这样的工作，才能发现构成现有人类学资料的大量调查工作是不完整且引人入歧途的。[①]

在这样的背景下，1914年，作为里弗斯和赛里格曼的学生辈，马林诺夫斯基开始了前往澳大利亚和新几内亚的人类学调查之旅，真正确立了今天我们所说的参与观察田野调查的基本方式。新的田野方法确立可谓因缘际会，既有因"一战"爆发导致马林诺夫斯基被迫长时间孤身滞留在田野

---

① William HR. Rivers, Report on Anthropological Research outside America on the Present Condition and Future Needs of the Science of Anthropology, Presented by WH Rivers, AE Jenks and SG Morley, Washington DC: Carnegie Institute of Washington, 1913. 中译参考：[美]乔治·史铎金：《人类学家的魔法：人类学史论集》，赵丙祥译，生活·读书·新知三联书店2019年版。

中的客观原因，又有马林诺夫斯基在田野中对工作方法的反思自觉。在田野中他感受到了和里弗斯一样的不满足，如果只是借助翻译追问调查对象头脑中的那些知识观念，就没有了解这些知识观念到底是如何指导和影响他们生活的，更无法了解那些生活中变动不居、充满不确定性的一面。于是马林诺夫斯基发挥他的语言天赋，学习当地语言，融入当地人的生活、参与他们大大小小的活动，聆听他们关于生活与活动的讨论，直接地询问。马林诺夫斯基之所以与他的老师们区别开来，成为了现代田野的开创者，不是因为他率先走近了田野，而是因为他在田野中采取了参与观察的方法。

马林诺夫斯基调查归来完成的关于新几内亚湾环岛经济与交换形式的经典民族志研究中，在导论中对方法论做了浓墨重笔的说明。经验材料的获得，不仅需要科学的目标，更重要的是得完全生活在土著人之中，时刻保持接触，事无巨细地掌握土著生活的方方面面，从学习、模仿到内化。还要学习当地语言，积极地追问，摆脱先入之见，聆听当地人的意见，从言说和活动中归纳总结，建立起整体性的理解。马林诺夫斯基也特别强调要去了解实际生活不可测度的方面，通过参与人们的生活，获得对人们行为和态度的理解与洞察。①

---

① ［英］马凌诺斯基：《西太平洋的航海者》，梁永佳、李绍明译，华夏出版社2002年版。

总之，马林诺夫斯基因一战遭遇隔离导致他被动地长期孤身滞留田野，反而因其自觉，积极实践了里弗斯对新田野工作的倡导，成就了他参与观察式的田野方法。通过这样的田野马林诺夫斯基更多看见了科学研究中不确定的部分，这是他个人感触和反思的结果，同时也将之纳入科学研究（田野调查）必须面对和处理的内容之中。正如他所言："一个民族志记录者所决不能忽略的"最终目的，是"把握土著的观点、他和生活的关系、认识他对他的世界的想象"。马氏对田野方法关注的背后，存在着对社会实情复杂性的一种充分把握，几乎是一种理论。

在马林诺夫斯基之后，人类学家纷纷奔赴田野，田野调查的内涵也被扩大，紧接着，带着预设是否会影响田野观察成为了学者们反复争论的问题。其中有一段公案。美国著名人类学家玛格丽特·米德（Margaret Mead），24岁时前往萨摩亚群岛开展了对岛民青春期成长的田野调查，并以此完成了经典民族志《萨摩亚人的成年》，书中的萨摩亚人从幼年到青年的成长过程中，并未受到来自社会的束缚，能够自然地表达亲昵的感情，因而其青春期也和谐轻松。[①] 这样一幅平稳幸福成长的景象非常打动人，但到了1980年代，在米德

---

① 参见［美］玛格丽特·米德：《萨摩亚人的成年——为西方文明所作的原始人类的青年心理研究》，周晓虹、李姚军、刘婧译，商务印书馆2010年版。

去世后，另一位长期在萨摩亚开展调查的学者德里克·弗里曼（Derek Freeman）却站出来，批评米德刻意地美化了萨摩亚人，其实萨摩亚人的青春期也经历着压抑和紧张，而米德之所以这么做，是因为当她启程前往田野时，带着他的导师博厄斯（Franz Boas）预设的问题，即青少年的青春期躁动与反叛，到底是天性使然，还是后天的社会规范导致。① 米德出色的完成了任务，通过对萨摩亚人的刻画，人们意识到，美国青少年的反叛并非源自天性，而是来自社会过度的约束和限制。弗里曼的批评代表着20世纪70年代以来后现代影响下对于人类学家的书写权力和民族志真实性的争论，② 但回到20世纪20年代，博厄斯-米德预设问题式的田野实践并不是单方面的"错误"，而是如同一柄双刃剑：它能够起到对固有成见和研究者本土社会予以文化批评的效果，但也会因此影响民族志内容的真实性。

第三位扩宽田野调查内涵的学者是马克斯·格拉克曼（Max Gluckman）。20世纪前后人类学开展田野调查的地点，大多已经因为传教士、探险家和殖民而受到了其所属的更大政治经济体系的影响，但在诸如马林诺夫斯基和米德的

---

① 参见［澳］德里克·弗里曼：《玛格丽特·米德与萨摩亚——一个人类学神话的形成与破灭》，夏循祥、徐豪译，商务印书馆2008年版。

② 参见［美］詹姆斯·克利福德，［美］乔治·E. 马库斯编：《写文化——民族志的诗学与政治学》，高丙中、吴晓黎、李霞等译，商务印书馆2006年版。

研究中,这些岛民仿佛仍然与世隔绝,丝毫没有西方人的活动痕迹。格拉克曼的贡献就在于,在非洲研究时,他通过对一个具体社区在时空两个方面予以拓展,看到社区并非自成一体与世隔绝,其历史过程揭示了它与周边的联系并受到的影响,而这个时空背景主要就来自非洲被殖民的进程。通过扩展,格拉克曼推动了社会变迁的研究,也引入了对殖民情境的批评反思。① 不仅如此,格拉克曼还做了一个很重要的工作,即在 1965 年出版了一本基于对世界多地民族志进行比较提炼的理论著作——*Politics, Law and Ritual in Tribal Society*②。通过跨文化比较抽象出某种人类社会发展的一般规律或特征特点,是在田野方法确立之前,所谓的"摇椅上的人类学家"倾向的工作,他们使用不太可靠的资料,通过富有逻辑的猜想,虚构出某种人类社会文化发展的序列,甚至有时候先构想一个虚构的序列,再把不同地区、不同人群碎片化的材料安置其中予以证明。格拉克曼的贡献就在于,一方面,他继承了人类学要通过跨文化比较来对人类社会发展的机制、规律、特征进行阐明的传统;另一方面,他的工作表明,这样的发现不能通过知识上的思辨来完成,而是要基于

---

① See Bruce Kapferer, Situations, Crisis, and the Anthropology of the Concrete: The Contribution of Max Gluckman, Social Analysis: The International Journal of Anthropology, Vol. 49, NO. 3, 2005.
② Max Gluckman, Politics, Law and Ritual in Tribal Society, Oxford: Basil Blackwell, 1965.

现代田野调查在美洲、非洲、大洋洲、亚洲等地积累的丰富的科学民族志来完成。这也是任何学者在深耕田野、完成了深度民族志之后向人类学研究发展的必要过程。

人类学现代田野方法自确立后，就不断面对其真实性、客观性及其内涵的不对等权力关系的质疑。20世纪70年代，格尔茨借助马克斯·韦伯（Max Weber）将阐释学方法和实用主义哲学结合，试图有效地回应上述质疑。他的贡献不仅是对文化做出了新的定义，即作为一种意义价值体系，更体现在对田野方法和民族志的界定上。格尔茨的自传 After the fact，有的将之翻译为"追寻事实"，有的将之翻译为"后事实追寻"，都只翻译对了一半。"After the fact"一语双关，after 既可以作动词也可以作介词，介词就是说在事实之后，做动词的时候 after 当然就是"追寻""渴求"的意思。格尔茨要表达的是，人类学就是在追寻事实，通过田野调查、经验性的研究获得对特定人群到底经历了什么事情的认识。但人类学家能够做的工作只能是在事实发生之后，即便身处活动之中的时候我们可以进行观察，但更重要的仍是他们在各种各样的事件之后对事件的看法、评论，体现了他们的世界观，意义或价值的体系，也就是人类学家真正要理解的"事实"。

为此，格尔茨提出了深描的文化阐释方法，期望能够打破研究者和被研究者之间的主客二分。在此之前，秉持着实证原则，人类学者和调查对象之间总是有一个无形的屏障，研究就是要保持研究者的中立性。但从前述的批评中已能看到，这几乎是不可能的。格尔茨坦承，研究者和研究对象之间，就是相互影响的。因为我们要研究的文化，不是那些习俗、行为方式、传统仪礼，而是其背后的意义和价值，这些东西很抽象，而且本身因人与人的互动缠绕在一起，人们因此互相认识、互相理解。人类学的理解，就是要进入对象的意义世界之中，成为其中的一部分。格尔茨有一个经典的比喻：什么时候你真的进入对象的意义世界了呢，就是当你和一群当地人在一起的时候，他们讲了一个笑话，你会会心一笑，而不是要在脑子里面过一遍，然后想清楚这个笑话背后的背景是什么才笑，更不是看到大家笑了你就笑的迎合式的假笑，甚至不知道这个笑话背后的那个意思到底是什么；如果能做到不假思索的会心一笑，那一刻，你可能就走入当地人富含意义的生活世界之中了。

　　为了打破这种主客区界，跟他者的意义世界缠绕在一起，我们是不是就要跟他们去做他们正在做的任何的事情？格尔茨在他经典的巴厘岛斗鸡研究中开篇就提到，在巴厘岛斗鸡是法律禁止的，但人们还是会私斗，他就因为在观看斗鸡的时候跟大家一起逃避警察追捕，而被巴厘岛人接纳了下来。① 看

---

　　① 参见《深层的游戏：关于巴厘岛斗鸡的记述》，载［美］克利福德·格尔茨：《文化的解释》，纳日碧力戈等译，上海人民出版社1999年版。

起来，这是一个很有意思的"共谋"过程，好像可以帮助我们更容易进入对方的生活世界，被对方接纳下来。可是，这也提出了一个严峻的伦理问题：如果一件事情在你所调查的那个地方是违法的或者是被禁止的，我们为了调查是不是就应该做，是不是就可以做？我们会不会为了获得某种真实和意义就铤而走险？当然不行！我们不要为了获得所谓的真实而去触犯地方法律，道德底线绝对不能逾越。面对突发状况，面对获得接纳或深入资料的诱惑，每一个调查者都得扪心自问，觉得不能做的事情，哪怕在这个社会里面当地人觉得是对的、是可以做的，我们也不应该去做。

20世纪80年代，除了来自后现代的影响，冷战后的全球化进程与世界体系理论也在影响人类学的田野方法。人、物、观念的高度流动，把世界每个角落都联系在了一起。如何捕捉这种流动，如何理解流动带来的联系？传统的在一个地点对一个人群的田野调查就显得局限了。对此，乔治·马库斯（George E. Marcus）提出了"多点民族志"（Multi-Sited Ethnography）的研究取向。[1]"多点"不是简简单单的在不同的点开展研究，而是要跟着具体的人或物，比如移民从迁出到中转到迁入的地点，或是商品从原材料生产地、加工

---

[1] See George E. Marcus, Ethnography in/of the World System: The Emergence of Multi-sited Ethnography, Annual Review of Anthropology, Vol. 24, No. 1, 1995.

地到赋予其商业价值的地方，再到它的消费地。这样一种流动性和多点的调查，也受到了马克思理论的影响，所以在多点的田野中，是要去揭示资本主义世界体系所塑造的中心与边缘、剥削与被剥削、宰制与被宰制的不平等关系，进而对当下不同地点人们的生存境况予以反思。

人、事、物之间的联系，还从哲学的角度，获得了再认识。20世纪90年代以来，法国学者布鲁诺·拉图尔（Bruno Latour）提出的"行动者网络理论"（Actor-Network-Theory）对人类学的影响越来越大。[①] 此前提到的学者里，可能在古典的学者那里，他们还会比较重视人和自然之间、人和物质之间的关联，可是越往后视野变得愈发社会化，或者觉得文化就是由人创制的，社会就是人和人之间的关联互动以及背后的一套制度或秩序的体系。但行动者网络理论指出，所有的东西——人、事、物、自然动植物、生态环境等——都是行动者（actor），都是社会主体，影响着我们个体的存在状态以及人类的生存和发展，所有行动者（actor）都参与到了社会的构建之中。拉图尔秉持的当然是社会的建构论观点，并不止步于社会结构的发现，还要看社会是怎么样不断的被生产和再生产出来的，这个建构和再生产，发生于人类和非人

---

① Bruno Latour, Reassembling the Social: An Introduction to Actor-Network-Theory, Oxford University Press, 2005.

类存在之间持续的互动过程中。因而人类学的田野调查，就不能局限于人的行动、语言和表征层面，而是要关注到自然、生物、技术、产品等对于人们的观念、知识的影响，以及这些东西如何在人的活动中相互关联起来，关联和影响发挥的机制如何等问题。

综上所述，从现代田野诞生至今，不同学者都做出了特别的贡献，他们先后对田野的扩展或再界定，并不是断裂的，而是通过参与观察发现生活不可测度的一面，带着问题预设和本文化批评，反思殖民情境，探求意义价值，揭示世界是如何在一个政治经济的体系之下被联结在一起，也把社会扩展到了自然界，扩展到了各种各样的物质界，然后扩展到观念界，让我们把这些自然物质和观念对人的影响纳入实际考虑，而不是把它们当成附属物。上述不同时期的探索，都涵括在了我们今天田野调查的一般性认识和实践之中。

因此，不同于对自然世界的调查，人类学的田野调查具有关系性、实践性、过程性、流动性、多主体交织、主客观交织和自我反思的特点。我们面对的是活生生的人，不仅处于复杂的人际关系之中，也在这种相互依存的关系中有意识地行动，改变着周遭的环境，引发了社会变迁。人们创造制度规范，也受制于制度规范，却又不断地在挑战乃至改变制度规范，因而社会生活是不断生成的。田野调查者也要意识到，无论有意还是无意，我们其实也卷入了田野复杂的关系和变迁之中，这对于我们坦诚地认识田野伦理有很大的警醒，意味着我们要更加谨小慎微。也因此，田野调查也使调查者成长，在这个田野中不断地学习知识、学习做人，学习怎么说话、怎么跟人打交道，学习不同的人思考这个世界的方式，用不同的人的眼光去看待这个世界，最后也会反哺调查者。所以调查者绝对不能以自己为方法。认为能够把自己作为方法，是一种特别精英主义、妄自尊大的自我想象，缺乏面对田野中形形色的人时应有的谦虚，而且会夹带私货，阻碍了跨文化的理解。田野中持续的反思，意味着要"吾日三省吾身"，把那个特别大的自我放下，不断地在尝试中学习（learning by doing），认识到这个世界上的一切，尤其是那些"调查对象"，其实是我们的老师，唯有如此，我们才能真的学到些什么。

四、田野调查方法与实践

具体的田野调查方法，我尝试用中医的"望闻问切"来归类，田野调查和中医一样，都讲究用多层次多面向的方式获得对经验的把握。望、闻、问、切，分别对应的就是田野调查中的观察、聆听、访谈和体验。

(一) 望:观察

图三 望:观察

观察,也分作几个类型,首先是见面观察,即刚到一个地方的初始印象,当我们带有一定的准备、一些社会经验,去到一个地方,不一定就要急着开始发问,可能也没有那么容易找到切入点,适应的过程中,就要特别注重观察环境、人群聚合、言行举止,穿着饮食,甚至多看看人们在互动中的表情、姿态、站位座次等,都能对这个社会有一些初步把握,继而影响我们的后续的参与和询问。但也要对初始印象保持警醒,初期的文化冲击或者我们的先入之见也会形成误解,要在后续不断修正。例如,现代社会,家居的摆设大同小异，无论去哪里，初一看都和我们自己生活的场景不太会有明显的不同，我们若是先入为主地认为我们调查的人群的家居摆设仅是一般性的装饰，就容易忽略人们在空间布置中特别的具有地方文化特点的安排。或者，当我们习惯性地通过服装、身姿、年纪、在人群中活跃与否等去理解具体的人物在社会中的地位或能力时，也可能产生这样的理解仅仅是我们社会中的评定标准，而实际上与这些人在地方社会中的角色并不相符的情况。

其次就是访谈中的观察。访谈中，我们经常会低着头对着笔记，或是拿着准备好的问题和录音笔，去做访谈，但这其实是一种访谈过程中的懈怠，并不利于访谈深入。访谈的过程很考验田野工作者的功夫，注意力集中在访谈对象讲述的内容，同时还要持续地去观察对方的表情、姿态变化，等等。这些变化虽然没有实质的、内容性的信息，但却可以让你意识到可能某些问题触动了访谈对象，值得继续追问，或某些问题暂时不宜再深入，因为我们将之称为"零信息"（zero information）。零信息不等于没有信息，有时对于获得实质内容可能更关键，所以访谈中不仅要眼观六路、耳听八方，脑子还得不断转，一边听内容，一边通过观察思考是不是该对提问或聊天的内容进行调整。

再进一步，就是参与观察。参与到一个活动中，我们不仅要观察活动的每一个环节，还要看到物品的摆放使用，参与人物的身份归属与互动方式,在一个社区研究中,更要争取做到能够认出参与活动的每一个人都是谁,属于哪个家庭家族、组织,有什么特别的社会角色等,这时候,你也就慢慢能够辨别出来,在活动中某些人做的某些事,是常规操作,还是发生了变化,问题也会随之而生。我们看人们的行为、看文字,看人们在行为和言谈之中的各种各样的情绪和情感,反过来又会影响我们对文字、对访谈内容的理解,而每一次的参与,因为发现的细节不一样,每次都看到变化,则会影响到调查者对一个事情的理解,并影响下一次的参与观察。因此,参与和观察、访谈和观察,是不断积累,相互强化的过程。

(二) 闻:聆听

图四 闻:聆听

观察和聆听、询问与聆听当然不能分开，这里仅就聆听的重要性做一点说明。我们刚到一个地方，肯定会带着各式各样的问题，如果我们一来就单刀直入，直接问准备好的那些问题，可能会令当地人感到陌生、突兀，甚至不适。所以我们来到田野中，就要在社会中、各式各样的活动中，有意识地去听听人们都在聊什么、关心些什么。等到真要和人聊天或访谈的时候，就可以开场聊一些他们聊过的话题，例如，听说你们家小孩刚考上大学了，考得怎么样？听说那边那个村子他们家的牛被偷了对吧？这是怎么搞的？现在这个社会为什么还有人偷牛？被询问的人，会觉得你聊的是他们熟悉的问题，对他们生活的世界有基本的把握，更觉得你对他们关心的事情是真的感兴趣的，便会更愿意和你聊下去，消除了陌生感，再慢慢沿着这些问题发展下去。

访谈中的聆听和访谈中的观察一样，也要特别注意那些"零信息"，如语气的变化、停顿，表情的变化，身体的小动作等。比如在谈一个话题的时候，对方突然变得很激昂或很沮丧，语气加快或迟疑，身体不自然的摆动等，那很可能这个话题触动了某些痛点，访谈者就要临场作出判断，是要继续提问准备好的访谈大纲的问题，还是就这些"痛点"继续追问下去。有时候访谈者会过于急切地获得有效信息，生硬地继续按照大纲提问，就会打断访谈对象的情绪，令访谈无法深入，甚至会失去信任，影响之后调查的顺利开展。

需要特别说明一点，就是要注意不能随意使用录音设备。在访谈中的聆听，需要全身心投入，如果借助录音设备，反而会影响访谈的质量。访谈是逐渐深化的交流，彼此都在听、说、问、思不断反复的过程中，因而访谈绝不仅是寻找问题的答案或获得研究的资料那么简单。如果依赖录音设备，这种投入感就会被削弱，在访谈过程中，你会觉得设备能够记录下所有的信息，是有备份的，没听清楚、没记住也没事，那不光人容易走神，而且可能忽视的那几句话恰恰是进一步开启话题的关键内容。有了录音设备，我们会认为记录的才是有效信息，就忽略了对临场情境的留意，整理录音的时候，会发现很多讲话的场景感都遗失了，本来鲜活的交流过程，从录音设备听到、再转化成文字的内容却是干巴巴的。

不仅如此，录音还涉及研究伦理的问题，如果一定要录音，也必须认真询问对方，告知对方将会录音，并且说明录音使用的去处，征求对方的同意才可以开始。当然，有些时候，有些特别的调查类型，录音是一个比较好的辅助，例如对于音乐演唱、史诗或故事的讲述、语言的研究，等等，这些方面，录音也起到了很重要的历史文化资料的保存作用。

(三) 问：询问

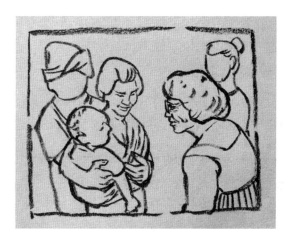

图五 问：询问

询问贯穿于调查各个环节、各个方面，通常需要问及的内容，仍按照"7W"为指引，即为什么（why）、是/有什么人（who）、发生了什么事（what）、如何发生/如何解决（how）、被谁做（by whom）、什么时间（when）、什么地点（where）。在这个基础上，就要不断视情况变化、聆听观察吸收转化，最终问出既适宜于地方社会，能够让当地人愿意深入聊下去，又没有偏离最初研究主题的那些问题。因此问题大纲总是在调整中，甚至有些问题是在田野中才慢慢形成的，进入田野之前和之初，根本想不到。

询问意味着我们得努力克服"习以为常"之见，努力把自己见到的人、事物都陌生化，才能追着细节提问。比如，在中国做调查,大家都习惯了使用筷子吃饭,看起来就是"习以为常",但如果我们将之陌生化,询问为什么用筷子不用叉子、为什么用竹子不是用木头、为什么放在桌子上不是桌子下、为什么发一大把筷子而不是一人一双,等等。这样问下去,虽然看起来问题很"愚蠢",但正是把生活中的方方面面都陌生化了之后,一般性的事物在地方上的细节和变化就会浮现出来。面对这些"愚蠢"的问题,他们可能会通过讲材质,回应一些和地方生产生计相关的问题。对为何使用筷子,他们可能会讲到他们这里的历史,甚至可能会有一个关于筷子起源的传说故事。至于为什么一整把发下来大家分用,他们甚至会讲到,因为祖先也在跟他们共餐,通过这样的回答,地方信仰和继嗣体系也体现在了餐具的使用之中。对于这种陌生化和细节化的不断追问,《人类学的询问与记录》中做出了很好的示范,至今都适用。

询问的过程,是一个平等交流的过程。田野工作者进入田野中想要获得信任,就不能摆出高于被调查者的姿态,谦虚和真诚最重要。一方面,要在最初的时候就表明自己的身份和来意,不能为了获得某些信息刻意隐瞒甚至编造自己的身份来意。信任是很难建立的,一旦有了隔阂,就很难弥补了。另一方面,我们要提前认真准备,到了田野之后也要虚心学习、记录,在当地人回问我们的时候,我们也能够真诚地提供意见甚至提出批评,以自己力所能及的方式予以回应。田野中的询问与回应,会令当地人觉得你是来学习的,他们给与回应的同时,也希望这些内容能够帮助你成长,所以询问的过程也像是一个接受教育的过程。若是我们能够在他们提问时给予诚恳的、有所思考的回应,当地人也会感到欣慰,而加深彼此的情感联系。事实上,在这个过程中,我们也就走出了彼此区界的调查者与被调查者的关系,从"你与我",成为了"我们"。对此,可以将心比心地理解,当你跟一个人交流的时候,你发现他/她很懂你在说的东西,然后你需要听到他/她的意见的时候,他/她也能够真的站在你的知识立场上,给你带来一些启发,令你觉得可能没有想过他/她说的这个事,又的确在理,那你肯定愿意进一步深入和他/她探讨,交流就变成了积极的、建设性的过程,而不只是单方面地被不断追问。

(四)切:体验

图六 切:体验

马林诺夫斯基特别强调要时刻与当地人生活在一起,也就是特别强调调查者在田野长期生活中获得的身心、时空、情感的体会,这些体会影响着我们对地方社会的认识。举一个例子,我在侗族村寨里做调查,一直住在一户人家中,每天早晨6点30规律地起床。可我渐渐发现,有时候我起来了,大家都还没起,我在楼下自己做点早餐吃的时候,陆续起来的家里人就会说"小孙你起得好早哦";可有时候,我还是同样时间起来下楼,大家却都已经吃好早饭准备出门了,还说"小孙你怎么起这么晚"。同样的时间,为什么一会儿早、一会儿晚呢?这让我感到很莫名无措,也引发了我的好奇。我就带着这个困惑去看、去感受、去询问,才发现其实是和他们的生活节律有关。我带着城市一周七天、一天二十四小时的节律过来,但是当地人的节律却并非如此,比如有一天要赶集了,或是农事上要看田看油茶了,有人要结婚请客了,他们就会起得特别早去忙碌,他们是通过农业、集市、节庆和婚丧大事来感知安排生活节律的,这使他们对时间的感知有着很强的弹性变化,与我们七天二十四小时的工业化、城市化的时间节律很不一样。进入、体会并理解这种节律与变化,我也能够明白钩织起他们生活的,正是那些市集、生计、节庆、婚丧嫁娶的活动,由此,我也才能够进入他们的社会与文化的整体氛围中理解他们的生活。

切身体验还意味着，我们不是借助抽象的概念或理论，而是回到活生生的生活中、回到社会本身去理解人。通常，我们认识人的时候，会习惯于借助很多的社会身份、人群归类的方法，如民族、性别、阶层、教育水平、代际等，不同的人群归类和概念可以方便我们快速去识别不同的人，同时也会带来阻碍。因而要对这些社会身份、人群归类的概念特别谨慎，研究者通过概念对人做归并的时候，往往也遮蔽了人们生活的复杂性。现实中的人常常拥有多重身份，当一个人作出抉择的时候，是一重社会身份在发挥影响，还是多重身份在同时发挥影响？其实，重要的不是去搞清楚哪一重社会身份在作用，而是要去了解他或她在作决定时候的具体所思所想，了解他们在特定情境下的自我认同和自我表达，以及对自我认知的变化，紧贴着人，去体会他们的喜悦与忧虑，抛开这些社会身份与思想—行为简单对应的刻板印象。

之所以要抛开，是因为不同的身份归类概念，本就有特定的社会文化观念附着其上，但这些观念是在特定时期、由特定的群体界定的，它是一些规定性的概念，而非现实本身。随着时代的变化、情境的变化，这些概念的内涵也会随之改变。如果生搬硬套，认为什么样的身份就会做什么事、说什么话、就是什么样的人，那即便是去到田野，也会令你和田野里的人越来越疏远。

（五）记：记录

图七 记：记录

说完了望闻问切，特别补充第五点——记录。田野调查很大一部分的工作，就是不断写笔记、整理笔记的过程。结合我自己多年的经验，习惯于将记录分作写实和写意，也据此准备两类不同的笔记本。写实的笔记本，即是调查期间的现场记录，人类学调查难以做到绝对客观，但我还是想如实地记录正在发生的事情，所以在这个本子里，我会把调查对象的话尽量原封不动地记下来，包括知识性的解释说明、对事件的评论或是围绕某些事情的闲聊、一些活动的过程环节、环境氛围与个人情绪等。这样的写实记录，类似于我们一般意义上理解的田野笔记，基本的原则是在记录的过程中不要加入我的主观意见,看到什么、听到什么,就记下来什么,事无巨细。每天结束调查回到自己的小房间,对笔记再做进一步整理。因为白天的记录可能是多元、碎片的状态,也可能是对一个涉及方方面面的事情的记录。在整理的过程中,就会按照亲属关系、政治法律、经济市场、仪式信仰等等再梳理一遍。整理的过程也是一个研究自省的过程,调查者会在这个过程中意识到有哪些问题此前没有注意到、或是哪些方面的记录有所亏欠、哪些人事值得进一步加深了解,于是这些也会变成此后田野调查层层递进的指引。

不让"自我"出现在自己的笔记里,很困难,尤其是时间长了,自己对一个地方的人、事、物认识加深了,难免有自己的想法冒出来,况且本就是带着问题来调查的,肯定会忍不住将见闻与自己的问题联系起来。为了克服因过多自己的思考影响对现实的观察记录,又能够令自己的思考得到表达,每天晚上回到自己的小房间,整理完笔记之后,我会拿出另外准备的日记本,这就是写意的部分。

记日记,我会从当天听到的某句话、遇到的某件事、接触的某个人,特别打动我的那一刻开始写起,把长时间调查的一些理解和当日受到的触动结合起来分析。随着写作展开,逻辑也会逐渐清晰,小的主题浮现出来。有时候,我也会把多日的印象综合记录下来,根据这些来尝试写出自己的推想,或是将自己灵光一闪的一些想法,逐条记录下,再看看这些想法能否继续发展。日记的书写并不全然是思辨的文本空间,也是一个为我安置不安、疑惑、偏见和过度自我的地方。马林诺夫斯基去世后,他在新几内亚的日记被发表,人们发现,在他的日记中充满了对土著的不满和诋毁,大家都觉得马林诺夫斯基的研究非常不真诚,但他的学生弗斯却指出,大多数田野工作者在某些时刻都会对他们的调查感到厌烦,而且意识到自己即使对田野中最亲密的朋友都产生了沮丧和恼怒的情绪,但很少有人能公开承认这一点,甚至对自己也很少坦诚。而马林诺夫斯基不仅在日记中袒露着自己在智识、情感和道德上的挣扎,也希望能够通过日记来管理人生、更深入地认识其意义,并引导自己完善自己的人格,就此而言难能可贵。① 从研究的角度来说,将特定的情绪在日记中予以安置,和自己对话,认识自己在田野中的状态,正是为了能够让研究本身更加诚恳和真实。

上述只是一些结合个人经验的认识,田野调查需要特别持续的投入、磨练和不断学习。哪怕再认真、深入的调查,我们从田野中获得的也只是人们生活与人生中很有限的一部分,并不能完全代表一个地方的过去与未来,也不能代表调查对象生活的全部,人类学的科学建立在承认有限性的

---

① 参见 [英] 勃洛尼斯拉夫·马林诺夫斯基:《一本严格意义上的日记》,卞思梅、何源远、余昕译,余昕校,广西师范大学出版社 2015 年版。

基础上，唯有此，才能督促我们不断开展田野调查，探索求知。

答疑与互动

问题一：法律人类学的历史研究和华南学派的历史人类学研究区别在哪里？

回答：研究还是要回到事实、回到现实生活本身，不一定一开始就去寻找学科之间的边界，试图从方法、理论、对象、概念等方面论证彼此的不同。不同，只不过是一些观念上的区别，在求学阶段，重要的不是做出区别，自设畛域，而是要通过不同学科的学习掌握，理解内在相通的理路和关怀。在研究中，也不存在法律人类学的历史研究或历史人类学的历史研究，回到人们的历史与生活实际，就要有紧贴着人们历史的整体观、过程观的视野、要能体现人们的主体性，只是在具体问题上，可能更偏重历史过程中的法律、经济或政治。

问题二：如何面对自己在留学和海外研究中被客体化和遭遇偏见的情况？

回答：这个确实是常常遇到的问题。这时候就不能恪守马林诺夫斯基那套不与自己熟悉的人群接触的教条了，反倒是要在异国他乡寻找能给自己提供社会支持和情感支持的人。同时，我们也要把个体和群体分开，人和人是不一样的，也许我们会遭遇到某种群体的或社会性的偏见，但具体生活中的个人，并不一定都带有偏见或敌意。田野也好、留学生活也好，都是交朋友的过程，在一个陌生的社会中，慢慢交到一两个朋友，才是真正融入那个地方的开始，也可以帮助你纾解这样的偏见。所以不要因为一开始遭遇了偏见就望而却步，在有人支持的前提下，积极地接触不同的人、参与不同的活动，慢慢地去展现自己，去体会生活的多样。

问题三：法律人类学与人类学的关系？

回答：这个问题和前面问题的出发点很像，大家今天好像都特别想要寻找到某种学科的边界。但我总觉得，我们一开始要做的，其实不是去保持某种学科的纯正性，而是应该反过来更好地尝试建立跨学科理解。首先，在阅读上可以进入不同的学科史脉络，一旦进入就会发现，现在日益分化的不同学科，它们呼应的问题、对人类世界的探求，根本上是缠绕在一起的。就算是一个初入学科的学生想要明晰自己所在学科的内涵到底是什么，从何而来、发展过程，也需要深入进行学科史研习。"法律人类学云端读书会"就是如此。其次，随着理论知识和学科史的积累，除了发现边界感在逐渐消失，在方法上也可以进行跨学科的探索，如果是经验研究，关键就要跟着人走，只要能够在遵守伦理道德的基本原则下了解人、贴近人，那么什么样的方法都能用。

问题四：针对法律人类学的田野调查，有什么特别需要

注意的？

回答：基本来说，任何人类学的跨学科研究，只要去做田野调查，还是如我前述，首先做好参与观察、询问聆听与记录。法律人类学的田野，的确有其特别的困难，法律的研究，关乎的是一个社会的制度规范、伦理道德和秩序观念，是对在一个社会中如何做人的基本原则的研究，涉及一个社会文化体系非常核心的内容。因此，更要秉持整体观，越是接近内核，越是要对一个社会建立整体的认识把握，虽然法律研究是很具体的主题，但唯有对社会文化、政治经济、历史传说、信仰仪式、亲属关系有全面的了解，并且明白这些方面彼此间的联系，法律的主题才能够清晰与深化。同时，法律的研究，难免会与纠纷的发生解决有关，那么就需要过程性的、实践性的视角，不仅听人们如何说，更要参与观察人们如何实践，要对一个事情的前因、发生、过程、后果、影响等持续地调查。但纠纷确实不常有，有时候，在田野中真的是在等纠纷的发生，而且一个事情的发生到处理可能会持续很久、波及很多人，那么法律人类学的田野调查就更需要长期的时间投入，不止一年，要对一个社区、一群人或一个事件不停地回访。还有，我们得接受田野并非万能的这件事，法律人类学既然涉及了一个群体核心的观念领域，就难免触碰到人们文化习俗和社会理念上的一些禁忌，于调查者而言，就会遇到调查的边界，很难再深入。这对于任何人类学家来说，都是可能遇到且很难克服的，没有简单的解决办法，只能因地制宜，通过长期接触、坦诚交流、参与生活的方式来获得信任和接纳，或需要用一生的时间，所以对人类学学者来说，田野调查也成为了他们的人生实践。

第四讲 什么是扩展个案

—— 刘顺峰

"扩展个案"作为一个学术议题，早在20世纪中叶就受到英语学术界的广泛关注。国内法学界与人类学界对"扩展个案"问题的关注相对较晚，且法学与人类学的学科差异致使在有关"扩展个案"的讨论中出现较大争论。的确，对"扩展个案"的探究，既需要围绕理论层面的"扩展个案"是什么，及其在不同学科场域的表达，还需要结合"扩展个案"对相关知识的生产意义与影响展开。

　　有鉴于此，接下来，我将从以下四个方面来进行分享：一是如何理解"case"；二是法律人类学学术场域的"个案"；三是"扩展个案分析法"的渊源；四是历史影响与学界评价。期望对此问题的讨论能增进各位对有关"扩展个案"的认知深度，继而为思考中国式法治现代化背景下法学方法论体系建构问题提供参照。

一、从英文"case"谈起

关于"case"这一单词,众所周知,无论是学习法学、民族学、社会学、人类学,还是自然科学,它都是一个尤为常见的单词,特别是在人文社会科学场域。在法学界,学者习惯将"case"翻译为"案例"。一谈起"案例",我们可能会想到20世纪震惊世界,同时也是史上最经典的司法大案——辛普森杀妻案。当时,球星辛普森聘请了美国"律师梦之队"为其辩护,通过这些律师的精巧辩护,辛普森最终被判无罪。此案发生后,在学界和实务界引起了极大争论。此外,我们可能都听说过国内一些影响重大的"案例",比如,马加爵宿舍杀人案、药家鑫案、劳荣枝案、唐山烧烤店打人案等。对这些"案例",我们一般会用英文"case"表示。

根据法学界的学术通说,"案例"一词由三大核心要素组成:案件事实、法律规范、司法裁决。那么,为什么从事法学研究的学者都习惯讨论或研究"案例"?根据法理学家卓泽渊教授的观点,"案例"不仅反映了某一社会的法律适用的具体过程,而且反映了某一社会的法律文化和法律生活。因此,对案例,尤其是典型的或著名的案例进行分析、研究,对于认识某一社会的法律及其观念、原理,观察某一社会的法制实践活动,形成某一社会的法律规范都具有重要意义。① 在我看来,案例可以很精简地反映事实的全过程。所以,从事法学研究的人,大多特别喜欢通过案例来理解法律。有关这一点,在英美法系国家,特别是在美国的法学教学实践中可以清晰地看到。然而,在此我想申明的是,法学意义上的"case"与人类学意义上的"case"存在着明显不同。

为什么这样讲呢?各位都很清楚,同一个概念,在不同学科场域有着不同的意义和内涵。比如"婚姻"这个概念,在法律或者说法学意义上表达的是男女双方以共同生活为目的,缔结的一种具有公示性的夫妻身份关系的两性结合;社会学意义上的婚姻,则更多表达的是一种人与人之间的特殊的社会关系。由此,在人类学场域,很多学者更习惯把"case"这个概念翻译为"个案"。那么,应该如何理解人类学意义上的"个案"呢?关于这个问题,早在七八十年前,费孝通先生就做过一个非常精辟的阐释。他说:"'个案'可以理解为'典型调查'。"什么是"典型调查"?费孝通先生指出,对一个村庄的研究、对一个社区的研究、对一个族群的研究,这些都是"典型调查"。② 在人类学知识发展史上,曾诞生一系列优秀的、有关"典型调查"的代表性

---

① 参见卓泽渊主编:《法学导论》,法律出版社2003年版,第279—280页。
② 有关于此的详细讨论,可参见费孝通:《江村经济(修订版)》,上海人民出版社2013年版。

著作,比如,《萨摩亚人的成年》《祈颂姑——赞比亚本巴女孩的一次成人仪式》《江村经济》等。人类学意义上的"典型调查"或者说"个案",其特点很鲜明,即通过"解剖麻雀",从微观层面展现具体事实。然而,其缺点也很明显,即无法涵盖整体。比如,当年费孝通先生对江村经济的研究,虽然受到学界的广泛赞誉,但也很容易受到质疑,即江村能否代表中国,以及什么才能代表中国?因为,费孝通先生研究的江村,位处江苏苏州市吴江区,其和浙江、安徽、湖南、湖北的乡村能否完全等同呢?这确实是一个非常严肃的学术问题,同时也是一个仁者见仁、智者见智的问题。

简要谈及法学和人类学学术场域中的"case"之后,我拟将聚焦点置于法律人类学这一法学与人类学交叉学科领域的"case"分析。众所周知,法律人类学究竟是属于法学,还是人类学,至今仍然存在争论。如果将法律人类学确定为法学的分支学科,则"case"可被翻译为"案例";如果将法律人类学确定为人类学的分支学科,则"case"可被翻译为"个案"。由于此问题牵涉的一般理论、阐释进路及学术范式等较为复杂,我在此就不再展开。不过,我认为在深入探究法律人类学场域的"案例"或"个案"之前,有必要简要介绍一下法律人类学的学术发展史。因为,这对于理解中文意义上的"案例"或"个案"尤为重要。

现有的学术通说,一般将梅因(Henry James Sumner Maine）视为法律人类学的创始人。同时期的其他学者，如巴霍芬（Johann Jakob Bachofen）、麦克伦南（John F. McLennan）、恩格斯等，都被视为法律人类学初创时期的重要代表人物。① 早期的法律人类学家几乎都有双重身份：律师和法学家。进入二十世纪之后，马林诺夫斯基（Bronislaw Malinowski）、格拉克曼（Max Gluckman）、博安南（Paul Bohannan）等学者虽然对法律人类学的学科发展乃至学理体系建构发挥了不可忽略的作用，但他们却在不经意间陷入一个难以克服的学术困境，此种困境是以两个具体问题表现出来的：一是小型社会存在法律吗？二是小型社会的司法裁判是怎样的？② 不难看出，第二个问题，以第一个问题的肯定性回答为前提。虽有很多学者对这两个问题进行了讨论甚至论证，但对法学界，尤其是理论法学界来说，疑虑还是没有完全被消除。

的确，各位可以想象，那些分布在地球上不同大洲的小型社会，其经济、文化与社会发展水平远远落后于以都市文

---

① 刘顺峰：《法人类学中的习惯：概念谱系与阐释范式》，载《民族研究》2022年第6期。

② 需要说明的是，此处我之所以将西方法学与人类学知识传统中的"tribal society"翻译为"小型社会"，而不是"部落社会""原始社会"，主要是基于两个原因：一是"部落社会""原始社会"这两个概念，具有典型的"进化论"特征，且通常被视为"现代社会"的早期阶段；二是当下的中外法律人类学研究，已然突破了一百年前法律人类学刚刚诞生时仅以未开化的族群、村落、社区为研究对象的传统，而将现代城市甚至国家也纳入研究对象范围。职是之故，"小型社会"作为一个"中性"词汇，更多表达的是此种社会具有生产力水平相对较低、人际关系的"家庭本位"色彩较浓、社会成员居住距离较近等特点。

明为特征的大型社会,这导致让长期在书斋里从事知识生产的理论法学家相信小型社会不但存在法律,而且还存在司法裁判成为一件非常困难的事。不过,即便法学家充满疑虑,巴顿(R. F. Barton)还是在1919年通过《伊富高法》一书,全面勾勒了小型社会的法律的一般理论与实践过程。① 这在知识层面叙说了小型社会存在法律规范的事实,而巴顿对伊富高小型社会"热水审"过程的细致揭示与分析,② 又在一定程度上证明了小型社会存在司法裁判的事实。

值得注意的是,国内法学界与人类学界对巴顿及其著作的关注较少。巴顿虽然来自美国,但并不在美国高校、科研院所任教。他前往菲律宾的伊富高地区,主要也是因为公务派遣。在工作期间,巴顿对该地区的经济、法律、政治与文化等进行了整体观察。在我看来,正是因为巴顿对伊富高地区法律的参与式观察,以及基于此项观察而公开出版的学术著作《伊富高法》,使得我们有理由认为,传统法律人类学的"马林诺夫斯基是法律人类学创始人"的观点是值得商榷的。③ 毕竟,《伊富高法》的出版,要比《原始社会的犯罪与习俗》早了整整7年。

---

① 参见 R. F. Barton, Ifugao Law, University of California Press, 1919.

② 参见 R. F. Barton, Ifugao Law, University of California Press, 1919, pp. 96-97.

③ 参见刘顺峰:《法律人类学的嚆矢——以巴顿的伊富高法研究为考察中心》,载《民间法》2021年第28卷。

二、法律人类学学术场域的"个案"

法律人类学界最早对"个案"予以关注,且对"个案"展开深入分析的学者是马林诺夫斯基。对于马林诺夫斯基,我想各位应该不会陌生,在他所培养的学生中,有一位我们非常熟悉,那就是我在上面提到的《江村经济》的作者,中国社会学、民族学、人类学的创始人费孝通。20世纪初叶,马林诺夫斯基前往西太平洋地区开展了多次田野调查,其间他发现了一个后来被称为"库拉"的现象。在对"库拉"的阐释中,马林诺夫斯基总是以"事实"为中心,注重揭示"事实"过程中的客观主义立场。①

马林诺夫斯基非常关注"事实",他对"库拉"的分析也很精彩。不过,我们清楚,任何"个案"的事实其实是"有限"的。对此,我将以马林诺夫斯基在其代表作《原始社会的犯罪与习俗》中提到的一个真实"个案"为例:

根据马林诺夫斯基的描述,当他到特罗布里恩德岛开展田野工作几个月后,忽然有一天,他听到了一阵哭声,原来是有人从椰子树上跳下来自杀了,而这个人恰好是他的朋友。

---

① 具体可参见[英]马林诺夫斯基:《西太平洋上的航海者——美拉尼西亚新几内亚群岛土著人之事业及冒险活动的报告》,弓秀英译,商务印书馆2016年版,第93—112页。

为了搞清楚事实真相,马林诺夫斯基又前往自杀者所在村落进行调查。后来,他发现,该"个案"不只是简单事实,即马林诺夫斯基的朋友从树上跳下身亡。在这一简单事实的背后,还隐藏着一系列极为复杂的事实,比如,之所以马林诺夫斯基的朋友要从树上跳下来,是因为他违反了村落中一般的通婚习惯,意欲娶其表妹为妻,而其表妹的情人在得知情况后,便对马林诺夫斯基的朋友进行了威胁甚至辱骂,最终致使马林诺夫斯基的朋友选择以终结生命的方式来摆脱是非。①

借由马林诺夫斯基对该案的记录与思考,我们可以发现,"个案"虽然以事实为表现形式,但是事实具有片段性特征,只有将这些片段性事实完整地关联起来,才能形成对"个案"的完整理解。然而,问题在于,如何全面而又客观地把握"个案"的事实呢?

谈到这个问题,就不得不提到格拉克曼。对于格拉克曼,国内学界相对不太熟悉。我于2022年在法律出版社出版的《法律史人类学研究范式的建构》一书,便是围绕"格拉克曼的小型社会司法过程思想"展开讨论的。对于格拉克曼的生平,我已做了清晰梳理,各位可参见该书的第32页至第

---

① 参见[英]马林诺夫斯基:《原始社会的犯罪与习俗》,原江译,云南人民出版社2002年版,第51—52页。

36页。牛津大学法理学教授古德哈特（A. L. Goodhart）在为该书所作序言中提到，是格拉克曼最早，也是最系统地以"个案"的方式，向学界展现了小型社会的司法裁判过程。此外，他还强调，格拉克曼的此项研究，将会对学界产生较为持久的影响。①

在我看来，格拉克曼这本书的最大特色便在于以"个案"为中心，对"个案"进行深入分析。根据我的统计，格拉克曼在该书中共记录了64起"个案"，对这些"个案"中的大多数，格拉克曼运用"拓展"的方法进行了分析。下面我就以一起被格拉克曼命名为"偏袒的父亲"的"个案"为例，与各位一起来看一下他是如何对这起"个案"条分缕析的。

该案的基本案情并不复杂，主要是有关果园土地耕种权的纠纷。A、B和C作为共同原告，起诉他们的大伯Y，诉由是Y偏袒他自己的儿子Z。Z与C的妻子发生了通奸行为，C要求Z赔偿其精神损失，Z不仅拒绝，还要求A、B和C尽快离开镇子，以免事态进一步扩大。A、B和C离开镇子后，Z就将他们的果园据为己有。后来，A、B和C向当地的村落法庭提起诉讼，村落法庭并未支持A、B和C的诉求。

---

① Max Gluckman, The Judicial Process Among the Barotse of Northern Rhodesia, 2nd ed. Manchester University Press, 1967, p. xvii.

于是，A、B和C又向更高一级法庭上诉，他们的诉由是"既然他们没有任何过错，为什么在他们离开镇子后就被剥夺了果园土地耕种权"。①

仔细梳理该案的一系列事实，可发现该案是发生在家族内部的一场纠纷。因此，当事人之间不仅非常熟悉，而且还知道不同的纠纷处理方式可能带来的后果。对于该案，格拉克曼认为争议点较多，但核心争议点主要有二：第一，对"离开"（leave，洛兹语为 kuzwa）这一概念，究竟如何理解？亦即"被迫离开"与"主动离开"是否都算"离开"？第二，洛兹的成文法律规范是否有约束力，以及约束到什么程度？如前所述，该案是发生在家族内部的纠纷，且当事人都是彼此非常熟悉的亲人，因此，"法官"还是坚持"和谐"的基本原则，想方设法地借由"法律"或者说"司法"的方式，修复已经遭到破坏的家庭关系。②

格拉克曼对该案审理过程进行了完整的参与式观察。他发现，对于该案，所有参与司法裁判的"法官"都一致表示，三个侄子应该回到其大伯所在的镇子，与大伯及其家人和睦相处。如果三个侄子拒绝回到镇子，抑或回到镇子后不

---

① 有关该案原文，以及格拉克曼对此案的细致分析，请参见 Max Gluckman, The Judicial Process Among the Barotse of Northern Rhodesia, 2nd ed. Manchester University Press, 1967, pp.37-45.

② 刘顺峰：《法律史人类学研究范式的建构》，法律出版社2022年版，第131—132页。

愿与其大伯及其家人和睦相处,法庭随时有权力收回基于法律规定赠予他们三人的果园。值得注意的是,从格拉克曼对该案的细致分析中,我们会看到小型社会的司法裁判过程虽然没有大型社会司法裁判过程那么正式,也没有大型社会司法裁判对程序性的详细要求,但是"法官"在司法裁判中总是不停地寻求与案例有关的事实,既定事实、影响既定事实的事实,以及影响既定事实的可能事实都会被法官纳入"个案"的事实范围。由此,在那些"法官"看来,"个案"的事实并不必然停留在"过去时"或"现在时"的某个特定时段,而是一个非常长远的历史时段与现在时段的结合。①

在此,我必须要跟各位做个"背景交代"。在格拉克曼进行田野调查的巴罗策小型社会法庭,所有"法官"都具有多重身份。他们几乎关涉司法、立法与行政等各个领域,所以,从翻译层面来说,我们可以将这些"法官"翻译为"议员"。这些"法官"或是当地的族长、头领,或是王国的王子或驸马。不同身份的法官,会坐在不同的席位上。所有的"法官"都有权就案件发表意见,但是,最后一个发言的"法官"所作的发言代表的便是法庭审判委员会集体作出的司法判决。

---

① 刘顺峰:《法律史人类学研究范式的建构》,法律出版社 2022 年版,第 133 页。

回到"偏袒的父亲"这一"个案"。一方面，我们会发现，格拉克曼在对该案的记录与分析中，处处展现出一种对"个案事实"的"拓展"；另一方面，我们也会看到，纵然格拉克曼记录的是小型社会司法裁判的"个案"，但是法官若要实现案结事了，还是需要较为复杂的技术。对于技术的强调，似乎是格拉克曼在"拓展"之外所关注的另一个核心点。

为什么格拉克曼在对"个案"的分析中会强调法官的司法技术？在我看来，这其实与卡多佐大法官密切相关。1921年，卡多佐（Benjamin Nathan Cardozo）出版了一本小册子——《司法过程的性质》。在该书中，卡多佐非常详尽地描绘了英美工业社会场域中法官的应然技术要求。然而，格拉克曼却是第一位全面展现小型社会法官司法技术的学者。也正因此，他在1963年受耶鲁大学法学院之邀，举办了有关小型社会法学观念的系列讲座。我认为，格拉克曼的一个重大学术贡献是，他把在小型社会所观察到的那一套朴素的司法技术与司法理念，用学理性的语言表达了出来。在表达过程中，他不仅注重学理与经验之间的关联，更注重对经验发生的过程性逻辑的探究，这为他思考"个案"的"时间性"与"空间性"意义元素，以及"扩展个案"与"个案"的历史关联提供了基础。也正是在对"个案"概念的实践观察与分析中，他创造性地提出了"扩展个案分析法"。

按照格拉克曼自己的观点,所谓"扩展个案分析法",即及时向后追溯一个违约或异议的起源,并去搞清楚它是如何出现的,然后再及时地向前跟进(掌握)——可能在判决、纠纷解决或调解仪式之后——事件所涉当事人之间的社会关系的发展情况。① 纵观格拉克曼对"个案事实"的"拓展"的呈现,我们可以发现,由他创设的这种被学界称为"扩展个案分析法"的方法,由三个关键词组成:历史、关系与过程。申言之,他对于"以事实为中心"的关注是非常全面的,亦即他不仅关注案件当中的核心事实,还会关注案件发生之前的一段"前历史",以及其间所隐藏的事实。此外,他还对司法裁判作出以后的当事人之间的关系样态给予了充分关注。对此,朱晓阳教授认为,所谓的"扩展个案分析法",其实就是把法律人类学家的田野调查笔记一字不漏地搬到学术场域。② 对于朱晓阳教授的这个观点,我并不完全赞同。究其原因,主要是学界对"田野调查笔记"的理解与阐释存在不同进路。由于此问题与我现在讨论的"扩展个案"并不直接相关,对此我不再展开。但我想表达的是,"扩展个案分析法"对"事实"的搜集与整理,的确超

---

① 刘顺峰:《法律史人类学研究范式的建构》,法律出版社 2022 年版,第 136 页。
② 朱晓阳:《小村故事:罪过与惩罚 1931—1997(修订版)》,法律出版社 2011 年版,第 39 页。

越了"个案分析法"。换言之，研究者或观察者会有意扩大"事实"的时间与空间范围，给读者呈现出一幅有关"个案"事实的立体画面。当然，这也会给读者的阅读、分析与判断带来一定的困惑，甚至可以说，可能会提升读者的阅读、分析与判断成本。

三、扩展个案分析法的渊源

"扩展个案分析法"被格拉克曼熟练运用于巴罗策小型社会的司法过程分析，但是究其渊源，可追溯至格拉克曼早年在南非祖鲁兰小型社会田野调查中运用的"社会情境分析法"。

关于格拉克曼是如何提出并运用"社会情境分析法"，以及"社会情境分析法"与"扩展个案分析法"的内在关联，我在《法律史人类学研究范式的建构》一书中已经做了详细分析,[①] 时间所限，在此我不再详细展开，而只围绕两个在我看来极为重要的问题做简要讨论：

第一，如何把握"社会情境分析法"。按照格拉克曼在其有关"社会情境分析法"的代表性论文中的观点，"社会

---

① 参见刘顺峰：《法律史人类学研究范式的建构》，法律出版社 2022 年版，第 117—134 页。

情境分析法"是一种"微观主义"分析方法。格拉克曼不是最早也不是最系统运用该方法的学者。但是，在我看来，他对"社会情境分析法"的运用，除具有一般社会科学意义上的"微观主义"的特点之外，还有一个明显特点是注重揭示"社会情境分析法"的内在构成要素。在格拉克曼之前的人类学家，或者法人类学家的叙事中，虽然可以经常看到对小型社会文化/文明的微观主义分析，却忽略了对小型社会文化/文明内在的"冲突—平衡"的揭示。格拉克曼运用"社会情境分析法"，并从"事实""意义""关系"三个维度，来梳理其在参与式观察中发现的各种现象、分析不同现象之间的关联，以及隐藏在这种关联表象内部的结构关系，从而找到不同现象之间的"冲突"。所以，如果我们要全面把握格拉克曼的"社会情境分析法"，必然要从格拉克曼对"事实"的理解谈起。与其他人类学家类似，格拉克曼也是个典型的经验主义者。他坚持将经验观察作为学术研究的起点，在对祖鲁兰小型社会发生的一系列经验性事实进行观察的基础上，他首先会客观呈现这些事实，接着还会将这些事实关联起来进行整体分析。但是，与其他人类学家不同的是，格拉克曼似乎更加偏爱对那些看似"无关的"事实的揭示，而且以很长的篇幅记录下来，以便读者阅读。① 凡此，很容易让人产生这样一种印象，即格拉克曼喜欢说"废话"，而不是说"故事"。其实不然，这恰恰是格拉克曼的一种叙事手法。因为在格拉克曼看来，这些"废话"暗含着"事实"的"种子"，只有将这些"废话"与"事实"勾连起来，才能发现全部事实。当然，格拉克曼并未停留于仅仅揭示"废话"与"事实"，他还很注重"事实"的创造者，即叙事主体——不同的人之间的关系。不同的人之间的关系并不是固定的，而是始终处在变动之中，影响这种变动的因素很多，其中最关键也最重要的是"利益"。"利益"可以将存在冲突关系的人"聚合"在一起，与此同时，"利益"也可以将存在合作关系的人"拆散"开来。在分析了"事实"和"关系"之后，格拉克曼还强调了"意义"，即任何"冲突"与"合作"都有"意义"。然而，对于"社会情境分析法"而言，问题的关键不在于肯定"意义"，而在于如何阐释"意义"。

第二，从"社会情境分析法"转向"扩展个案分析法"的原因。在《法律史人类学研究范式的建构》一书中，我已经简要讨论了格拉克曼为什么会将早年运用的"社会情境分

---

① 将"流言"与"蜚语"作为研究对象，探讨它们在社会秩序的维系与建构方面的作用，是格拉克曼所做的一项极为具有创新性的学术尝试。虽然格拉克曼的此项研究受到了学界的诸多批判，但它却在一定程度上开拓了法律人类学乃至人类学研究的新领域。具体可参见 Max Gluckman. Gossip and Scandal, Current Anthropology, Vol. 4, No. 3, 1963.

析法"置于"个案"的过程分析之中,以及这种"名称"的"转变"究竟意味着什么。① 然而,最近半年来,我在重新阅读格拉克曼的系列学术著作中有了一些新发现:一方面,我并不否认格拉克曼从纯粹的人类学研究转向法律人类学研究需要借由法学界熟悉的概念与术语,以与法学界展开交流与对话;另一方面,我还认为,格拉克曼似乎发现了"社会情境分析法"不足以解释法学意义上的"个案"的复杂性,因为格拉克曼所观察的"个案"的发生场域,主要是"熟人社会",所以,很多原本只是"个人"之间的纠纷,会有意无意地牵涉到"家族",甚至"族群"。这无疑为"法官"发现"个案"中当事人的真实而又复杂的关系图谱增加了难度。所以,从"社会情境分析法"转向"扩展个案分析法",还与"个案"本身的属性有关。

需要说明的是,我对"扩展个案分析法"渊源的分析还存在一定的局限性,这主要是因为我对格拉克曼的学术思想的把握大多停留在学理层面,缺乏经验观察。不仅如此,这些学理主要以英文知识与中文知识为表现形式,对于这两种语言以外的相关的知识生产,我关注较少。或许,还有一些新观点未被发现;又或许,有一些旧观点已经有了新的阐释。

---

① 参见刘顺峰:《法律史人类学研究范式的建构》,法律出版社 2022 年版,第 126—128 页。

在此我愿将其作为一个问题抛出来,感兴趣的学友可以进一步关注一下。

四、历史影响与学界评价

我们可以发现格拉克曼在就读本科期间对马林诺夫斯基的关注。有关这一点,最明显的例证是:在格拉克曼向金山大学提交的完全手写的学士学位论文的文末以一种马林诺夫斯基式的语言写道:"班图的酋长就是一个分光镜——通过他,社会上的各种光都被刺穿了。"① 那么,格拉克曼的本科毕业论文究竟写的是什么呢?

2022 年 11 月,中国非洲人民友好协会理事李理在访问南非期间,专门前往金山大学,展开了一场"寻访格拉克曼本科毕业论文"之旅。通过李理的细致介绍,我们可以得知,格拉克曼的本科毕业论文的题目是《东南班图人中超自然的范围:一项关于宗教与巫术运行实践的研究》(*The Realm of the Super Nature among the South‐Eastern Bantu: A Study Of The Practical Working Of Religions And Magic*),论文篇幅达 480 多页。

---

① 参见刘顺峰:《法律史人类学研究范式的建构》,法律出版社 2022 年版,第 134 页。

图八　班图人的宗教与巫术

这篇论文蕴含着丰富的历史主义思维和情境主义观念，这也为他后来创设"社会情境分析法"提供了理论与经验基础。

对于格拉克曼所创设的"社会情境分析法"，学界总体评价较高，当然，也有质疑甚至否定之声。不过，从中我们可以感受到的是，格拉克曼的方法论意识是尤为强烈的。纵观格拉克曼的整个学术生涯，其对方法论的提倡，始终与其对方法论的反思同时展开。

根据我自己有限的阅读经验，国内学界对"扩展个案分析法"的关注相对不多，较有代表性的学术著作与论文，比如，朱晓阳教授的《小村故事：罪过与惩罚（1931—1997）》，以及由卢晖临、李雪合作发表的《如何走出个案——从个案研究到扩展个案研究》。各位如有兴趣，可认真阅读这两部作品。好的，我的专业知识分享就到这里，请各位多多批评指正。

答疑与互动

问题一：我国基层法院的法官应该如何运用"扩展个案分析法"？

回答：在我看来，我国法官目前在司法实践中很难运用格拉克曼所创设的这种方法。原因在于，当下我国基层法院的受案量，以及办案时间等的要求，在一定程度上限制了法官全面发挥技术。所以，如何结合我国司法实践，对基层法院的法官运用"扩展个案分析法"的方法甚至可能性展开探究，是一项值得讨论的学术议题。

问题二：功能主义和结构功能主义之间有何异同？格拉克曼的方法论与结构功能主义之间有何关联？

回答：关于第一个问题，我认为，在很多人类学系开设的本科生与研究生课程中有一门叫作人类学史的课程，可以翻阅一下这些教材，相信会对此问题有较为全面的理解。关于第二个问题，我认为，根据学界的既有通说，格拉克曼是一个典型的结构功能主义者,因此,我们可以认为,格拉克曼在创设、运用与反思"社会情境分析法"和"扩展个案分析法"的过程中,会或多或少地受到结构功能主义的影响。但是,究竟是借由何种方式施以影响,以及受到了多大影响等问题,学界对此尚未予以关注。

问题三:在社会情境分析法中,如何区分情境的个体合法性与情境的总体合法性?二者如何才能实现转化?

回答:我认为,人类学与其他学科的一个显著差异在于,人类学特别关注整体,一种涵括经济、政治、社会、地理与环境等的整体,所以,很多学者认为,人类学无所不包,人类学研究的是作为整体的"文化"。凡此都提醒我们,法律人类学知识生产过程中,当然也包括人类学知识生产过程中,研究者应该有意识地交代其研究的思路,即究竟是聚焦于个体意义上的被研究对象,还是总体意义上的被研究对象。二者之间的转换,虽然离不开研究者的研究旨趣,但也需要研究者的写作技术。

问题四:法律人类学和民族法学的区别是什么?

回答:在我看来,法律人类学不等于民族法学。就中国场域的学术传统与实践而言,民族法学可以被理解为法律人类学的一个研究领域。法律人类学自诞生至今,其研究对象、主题、旨趣均发生了改变。传统的、以小型社会为考察对象的研究,在我国学术场域较为少见:一方面,当下我国几乎没有早期西方法人类学语境中的小型社会，另一方面，基于研究的时间、经济与发表成本考虑，我国很多学者无法像马林诺夫斯基、格拉克曼、博安南等学者一样，选择在海外开展法律人类学研究。然而，有一点可能让法律人类学与民族法学发生关联，即二者均聚焦于相对受到较少关注的族群或地域，这也让我们很多学者误认为法律人类学在中国场域就等同于民族法学。其实，在我看来，法律人类学既是一种方法，也是一个学科领域，关键要看法律人类学这一概念的使用场景与目的。

问题五："扩展个案分析法"中强调的"历史、关系和过程"对于我国司法裁判中的"说理"有何意义？

回答：我建议可以参考一下我在2022年发表的一篇学术论文——《法谚的司法援引——基于法律社会学视角》（《思想战线》2022年第4期）。在该文中我特别提到，法谚援引作为司法理念与技术创新的一种重要形式，至今尚未受到学界应有的关注。法谚虽无法律拘束力，却可发挥反映司法理念、增进司法信任、实现司法公正与回应司法期待的价值功能。的确，如何把握当事人之间的关系，以及如何运用"扩展个案分析法"来拉进当事人之间的关系距离是"扩展个案分析法"尤为注重的问题。

问题六："扩展个案分析法"是不是与"马锡五审判方式"较为类似？

回答：在我看来，二者之间的确存在较多相似性。朱晓阳教授曾在其著作《小村故事：罪恶与惩罚（1931—1997）》一书中专门提及此问题。朱晓阳教授指出，"扩展个案分析法（延伸个案法）"的历史可追溯到 20 世纪初，当时有西方学者在菲律宾的伊富高村落观察到那里的法律权威"莫卡伦"（monkalun）使用一种将社会关系或社会情景考虑在内的断案方式，这种方式相当于中国的"马锡五审判方式"或"炕上开庭"。需要注意的是，"扩展个案分析法"虽然注意"扩展"，但是"扩展"过程中可能会带来一系列风险，比如，如何划分"扩展"的时间与空间边界？谁来主导"扩展"的过程？对于这些风险的防范，是"扩展个案分析法"必须解决的问题。

问题七：如何看待近些年来国内社科法学内部兴起的反对"语境论"，提倡"整体论"的学术现象？苏力教授提出的"语境论"和格拉克曼的"社会情境分析法"有何关联？

回答：关于前一个问题，我认为，侯猛教授提出的"整体论"，更多地偏向法学学科意义上的"整体论"，而不是人类学或者法律人类学意义上的"整体论"，所以，其所关涉的对象、范围与议题基本都在法学内部，由此也可以视为一种有限的"整体论"。纵然有学者对"语境论"表示了反对，但是在我看来，他们并没有提出一套能够真正超越"语境论"的新理论。在中国法学与法律场域，"语境论"的解释力毋庸置疑，因此，它势必会继续占有广阔的学术"市场"。关于第二个问题,我认为,苏力教授提出的"语境论"和格拉克曼的"社会情境分析法"虽然从形式上看存在一定的关联,但二者并不等同。因为,格拉克曼更加强调社会情境的分层或者说分向度阐释,比如,事实情境、意义情境和关系情境等。

问题八:"扩展个案分析法"是不是翻译为"延伸个案法"更准确一些?

回答:有关这个问题,学界曾经产生激烈争论。个人认为,"如何翻译"还是和学科归属有关。比如,"case"这个单词,在法学界一般会被翻译为"案例",而在人类学界则经常被翻译为"个案"。所以,翻译的困境,始终与学科的知识传统紧密相连。

问题九:为什么说"参与式观察"是法律人类学与法律社会学的重要区别?

回答:我认为,这是从形式层面得出的一个结论。从经验层面来看,当下学界,无论是国内学界,还是国外学界,法律社会学与法律人类学的趋同越来越明显,以致于有很多学者呼吁,法律人类学就是法律社会学,法律社会学就是法律人类学,不要纠结于二者名称的表述。相较于法律社会学,法律人类学更加注重方法论意义上的"技术性",比如,根据传统观点,法律人类学的研究者要到被调查地区生活一年以上,积极融入被调查对象的生活与生产实践中。而在法律社会学研究中，对"参与式观察"的要求却没有那么严格。

问题十：法律人类学与法律史的方法之间有何关联？

回答：关于法律史的既有研究方法的困境，以及如何突破这种困境，我在过往几年里作了一些思考。我尝试着在法律史研究中引入人类学方法，但是法律史的人类学研究方法究竟对于法律史研究有何学术与实践价值，还有待学界的进一步讨论。

问题十一："扩展个案分析法"是不是更多是在学术场域被讨论，在司法实践中难以被认同？

回答：我认为，并非如此。至少既有的法律人类学研究已经证明，在社会经济发展水平相对较低的小型社会，"扩展个案分析法"不但被广泛运用，而且效果还很好。不仅如此，就我个人有限的认知经验而言，在我国当下的司法实践中，特别是基层法院的民事案件裁判中，法官也会有意无意地"拓展"一些事实，对案件的事实、关系与意义做一些"拓展"，从而实现案结事了的目标。

第五讲 什么是日常个案

—— 郭婧

大家来自不同的专业，想必对法律有不同的认识，那么，在正式开始之前，我想先问大家以下几个问题：你认为什么是法律？你最近一次在生活中接触到法律是在什么时候？它是以什么样的形态展现出来的？为此，我设计了一个线上问卷。我们可以一边填写，一边进入对法律人类学日常个案的了解。

　　关于"什么是日常个案"，我准备与大家分享以下几个方面的内容：第一，日常个案是什么？这部分包括什么是"日常"？日常个案的特征是什么？第二，日常个案能解答哪些法律问题？这部分包括法律人类学视域里的日常个案是如何提出来的？它至少能解决哪些问题？第三，如何运用日常个案？在这一部分，我将向大家展现"日常个案"的研究方法，以及如何在生活世界中"看见"个案，并将之变成研究的议题。

一、日常个案是什么

我们先从身边熟悉的事例开始。还记得刚刚大家回答我的两个问题吗？我相信，答案一定是多样态的，它反映的是你在日常生活中对法律较为直观的一种感受。也就是说，只要我们仔细观察，就会看到法律是多面向且无处不在的。试以我们这次寒假研习营从报名到这几天的学习为例，来看看在这段共同的日常经历里出现了哪些法律的现象？

研习营里同学们的专业大致有法学、民族学与人类学、文学、社会学、历史学等，其中法学专业的学员占总学员人数的比例最高，其次是民族学与人类学专业的学员，接下来是文学、社会学、历史学的学员。这些专业看起来覆盖了法律人类学部分知识领域。不过，我猜测这个统计可能仅是记录了咱们当前所在专业，对于在本科、硕士或者博士阶段跨专业的情况可能并没有体现在统计的数据里。所以，按此推测，我们研习营里同学的知识背景跨度可能比现在数据上看到的还要广。那么，这里面有一个问题，那就是如何理解"专业"？它建构了一个什么样的社会事实？

在我们刚刚所设定的这个情境里，专业是一种衡定标准，正如学历、职业、所在学校或者工作单位，还有性别、年龄、籍贯、族籍、职称、职务、履历等。类似这样的标准还有很多。它们会出现在我们生活中的某个时刻，我们每个人或多或少都经历过，对此也都不陌生。有没有人想过，这些标准是怎么来的呢？它会产生什么样的意义呢？

获取研习营学员背景信息的人，是标准制定者，也即研习营组织方。这些信息的收集发生在申请报名的过程中。你在填写报名信息时，面对填写要求可能存在以下两种行为反应：一种行为反应是填写信息，其中又可能存在积极地配合，或者不那么积极但是既然要求填写就填写了，这样两种行为状态；还有一种行为反应是不填写信息，即拒绝透露你的信息。在这里，我们想象一下，假设研习营将填写信息作为报名成功的必要条件，那么上述两种行为反应就会导致两种行为结果：前者是报名成功，后者自然是报名失败。这一想象是否非常熟悉？包括我在内，估计在座每一位学员在日常生活中已经历过无数次。所以，即使报名表没有阐明信息填写行为与行为结果之间的因果关系，或做附加说明，你可能也会根据生活经验，将信息填写行为与报名结果之间作一个关联想象。也就是说，即便报名表上没有阐明二者之间的因果关系或作附加说明，你也能在填写报名信息的过程中感受到那个来自想象结果的压力。为了能够报名成功，我们大多数人会不假思索地选择填写信息，也就是屈服于那个明示或者暗藏的约束力。这个约束力可被视为一种看不见的规则。

当然，还存在另一种可能的情境：那就是我们现在的报名一般是在手机或者电脑上完成的。换句话说，组织者运用互联网电子信息系统设计好了选项和步骤，大家按照设定完成报名信息的填写。那么这一填写过程就是一个单线且不可逆的行为过程，即一个行为导致一个结果的发生；前一个行为结果开启后一个行为的实施。如果你打算违反这一个预先设置好的信息系统，那么就得承担无法报名的后果。在这一情境中，我们看到，组织者成为一个具有支配性权力的权威，并借助了一个不可逆的程序，创造了一个具有共识性、可反复适用、针对不特定人，以及具备约束力的行为规则，即便这一切都没有通过文字表达出来。

此外，由于研习营采用的学习方式是线上学习，没有将大家统一集中在线下封闭性的空间中，于是减少了在这一临时产生的小型社会中，由专业、学校或单位、年龄、性别、外貌、性格等信息建构起来的具有社会意义的身份区分，以及由此产生的社会差异与认识偏差，进而避免再次产生暗含权力关系的规则现象。线上学习致使行为互动减少，淡化了差异性信息的社会区分作用。再加上法律人类学本身就是交叉学科，无论是知识建构还是研究实践对多样性都有很强的包容性，并倡导去中心化的行为方式，所以，尽管在报名阶段，我们似乎感受到一种暗含的规则与约束力，但在后来的学习中，我们并没有感受到任何带有权力色彩的压迫感。需要声明的是,前述所有情境都是我的假设,法律人类学寒假研习营个人信息填写的内容并不是报名成功与否的判断标准。

再回顾一下刚刚对假定情境的分析过程,我们在里面看到了什么呢?第一,这个分析发生在一个我们常见且熟悉的生活场景中。第二,我们的专业、学校、职业、性别等身份信息体现了背景结构的多元特征。第三,多元特征会形成具有区分意义的社会规则。但这个具有区分性的规则是建构出来的,而不是先在的。因此,在一定程度上,这个"区分"是有意义的,也是无意义的。这几天同学们多次提到的"法律人类学与法律社会学之间的区别",是不是也是这样的呢?第四,对于这一规则的适用是有空间限制的。第五,规则制造出来的区分促使行为生成多样性,但是多样性并不是任何时候都制造差异性,当然也不是说它没有制造差异性的可能。第六,差异性与权力互为形塑。第七,规则是多样、动态且流动的,而非一成不变的。抛开这些建构起来的东西,一直存在的因素有什么呢?行动者和行动发生的空间,也就是我们和我们组成的社会。它们是怎么促发动态流动的呢?因为不同的观念、价值或者目的在相互碰撞,并在碰撞中又产生了新的观念、价值或者目的;或者原有的观念、价值、目的因为别的因素干扰发生新的变化甚至消失,等等。而这些变化是在行为者之间、行为者与不同时空之间碰撞而形成的。只要这两个因素存在,并且持续互动,规则就会以不同的状态出现,并且有可能促发新的关系,如此以往地变化与流动下去。这个分析还可以再往深处延展。

到了这里,大家会不会对"什么是日常个案"有一些感觉?我们一起看到了"日常"中一个重要的元素,那就是扮演着不同社会角色的我们——行动者时而成为规则的适用者,时而是规则的创造者。但是,刚刚的分析只能说是进入"日常个案"的初步感觉,因为行动者与生活空间的碰撞是多样态、多层次与复杂化的,所以我们常常对它"看不见"也"看不清"。下面让我们正式来了解一下什么是"日常"和"日常个案"。

"**日常**"通常暗示着"**普通的、平庸的、不被注意的和不值得被注意的。**"①"日常个案"聚焦于**日常生活中的秩序与规则**,关切日常生活中那些"**非正式的**"、"**不被注意的**"、"**理所应当的**"和"**不确定的**"人、事、物。这并不意味着日常个案仅研究非正式制度、边缘人群和日常危机。事实上,近年来,日常个案的研究发展并不局限于边缘化和非正式的传统切入视角,还将观察目光投向正式制度、权力精英等与生活世界和常人之间的互动问题。

---

① Susan Jones, Portraits of Everyday Literacy for Social Justice: Reframing the Debate for Families and Communities, Palgrave Macmillan, 2018, p. 19.

二、日常个案能解答哪些法律问题

要想知道日常个案能解答哪些法律问题,我们可能需要借助"日常"这个概念何以出现,又何时被运用于法律人类学的历史进程,才能"拨开云雾见天日"。

(一) 法律人类学视域里的日常个案是如何被提出的

1. 思想界的"日常"转向

形成关于这个问题的回答,我们可以结合"日常"在社会科学中的发展历史来了解。在社会科学领域,尤其是人类学和社会学领域,"日常"往往指的是一种方法论。其来源于人类的灾难——20世纪的两次世界大战。[①] 正如自2020年以来,我们在这场刚刚经历的"病毒"灾难中,"日常"再次频繁地出现在不同空间中,如我们的话语中和每个人对生活世界的寄望中。因此,人类对"日常"的渴望往往出现在剧烈的"非日常"之后。"二战"以后的西方哲学出现了新的转向——"语言学转向"(the linguistic turn)。这是一个伟大的哲学天才提出的,这个天才就是路德维希·约瑟夫·约

[①] 参见赵敦华:《现代西方哲学新编》,北京大学出版社2014年,第300页。

翰·维特根斯坦（Ludwig Josef Johann Wittgenstein）。维特根斯坦在两次世界大战期间对逻辑主义的意义理论进行自我批判，要求放弃狭隘的逻辑分析，在具体语境中对日常语言多种多样的复杂用法及其相互关联进行明晰理解和全局把握，由此打开了广阔的日常语言分析领域。① 维特根斯坦的思想影响了很多人，包括人类学家克利福德·格尔茨（Clifford Geertz）。格尔茨尤其赞同维特根斯坦对于私人语言观的批判，对他自然与文化"共谋"从而影响人类世界观的判断和语言游戏论、家族相似（family resemblance）的观点也非常认同。② 瑞士语言学家索绪尔（Ferdinand de Saussure）对维特根斯坦的理论产生了很大的影响。他创立的结构主义（structuralism）方法论，被维特根斯坦、让·皮亚杰（Jean Piaget）、克洛德·列维-斯特劳斯（Claude Levi Strauss）、米歇尔·福柯（Michel Foucault）和雅克·德里达（Jacques Derrida）等学者继承与批判，成为影响20世纪80年代以后社会科学诸多研究的理论来源。某个程度上可以这么说，至今为止，法律人类学的"日常个案"最为突显的研究方法，除田野调查法之外，就是话语分析法了。当然，说起日

---

① 参见赵敦华：《现代西方哲学新编》，北京大学出版社2014年，第303页。
② 参见纳日碧力戈：《格尔茨文化解释的解释（代译序）》，载［美］克利福德·格尔茨：《地方知识——阐释人类学论文集》，杨德睿译，商务印书馆2016年版，第8页。

常理论,可能大家最先想起的不是维特根斯坦,而是"日常生活批判理论之父"——法国哲学家亨利·列斐伏尔(Henri Lefebvre)。但他对维特根斯坦、索绪尔意义上的语言转向是持评判态度的。他的贡献是运用日常生活中的语言现象,开启了空间生产的批判,指出日常生活的被殖民化及其危机,并由此与福柯的思想产生一定关联。① 这让我想起一位近年来在日常哲学领域颇有影响力,并在庸俗哲学界"C位出道"的明星哲学家——现任教于德国柏林艺术大学的韩裔德国哲学家韩炳哲(Byung-Chul Han)。2010年以来,他的作品几乎以每年一本的速度出版,并且出版后便迅速地在不同领域传播开来。他的《倦怠社会》(2010)、《山寨:中国制造的毁灭》(2011)、《透明社会》(2011)、《爱欲之死》(2012)、《在群中——数字媒体时代的大众心理学》(2013)等著作,不仅在学界引起讨论,而且常常被公共媒体引用。特别是在后疫情时代,他的观点屡被大众媒体用以解释当下生活中的各种焦虑现象。究其原因,除了观点本身,其作品表现出的语言通俗化和书写简洁化的特征,打破了大众关于哲学高高在上、非长篇巨作不能称为经典的传统认知。这种"说人话"的哲学表达方

---

① 参见袁文彬:《日常语言批判和现代性批判的异形同构——列斐伏尔语言哲学思想研究》,载《深圳大学学报(人文社会科学版)》2017年第6期。

式正好体现了20世纪60年代以后，人们对于知识生产的需求发生了变化。从这一点看，"日常个案"范式的法律人类学既是这个趋势的产物，又是因应当代社会发展所需，是法律人类学研究范式发展的前沿。

2. 法律人类学个案研究的"日常"转向

法律人类学个案研究的"日常"转向是在近五六十年内发生的事。法律人类学的研究发展脉络在这几天的课程中都有所涉及，大家可以比较清晰地看到一条时间线：20世纪中期，在殖民统治的背景下，法律人类学关注非西方族群的法律思想和法律实践，他们的纠纷解决模式尤其受到研究者的关注；20世纪60年代至70年代开始，法律人类学家们注意到，国家不是强制性规范的唯一来源，在与国家共存的许多其它地域内，也有规则制定和社会控制实施的现象，即这段时期以"法律多元"理论为代表；20世纪80年代以前，马克斯·格拉克曼、保罗·博安南、波斯皮士尔（Leopold Pospisil）等第二代法律人类学家的志趣甚至在于有关个案搜集和分析的"竞赛"①，他们希望在法律民族志中尽可能多地融入个案材料。但是这种案例研究范式却导致法律人类学变成

---

① 格拉克曼、博安南、波斯皮士尔的相关法律民族志，在"法律人类学云端读书会"都已经读过，详见"法律人类学世界"微信公众号。

了对纠纷的专门研究。① 然而,以"纠纷"(troublecase)为对象的个案研究方法在 20 世纪 90 年代进入了发展的"死胡同"。② 与此同时,随着日常哲学思潮的影响,日常方法论、常人方法论,或是"生活世界"的方法论正在社会科学的各个领域逐渐形成,而其与法学的融合则表现为"日常个案"。安格尔·梅丽(Sally Engle Merry)的《诉讼的话语——生活在美国社会底层人的法律意识》(1990)③、约翰·M. 康利(John M. Conley)和威廉·M. 欧巴尔(William M. O'Barr)的《法律、语言与权力》(1998)④、帕特里夏·尤伊克(Patricia Ewick)与苏珊·S. 西尔贝(Susan S. Silbey)的《日常生活与法律》(1998)⑤ 等法律人类学作品几乎都在这一时间段问世。他们不约而同地把日常生活中的

---

① 参见 S. F. Moore. Certainties Undone: Fifty Turbulent Years of Legal Anthropology, 1949-1999. Journal of the Royal Anthropological Institute, Vol. 7, Issue 1, 2001。另参见萨丽·福尔克·摩尔:《未来无限:法律人类学激荡五十年(1949—1999)》,载[美]萨丽·摩尔编:《法律与人类学手册》,侯猛等译,商务印书馆 2022 年,第 442—468 页;张晓辉、华袁媛:《20 世纪 70 年代以来西方法律人类学研究对象及范式的转变》,载《广西民族大学学报(哲学社会科学版)》2019 年第 2 期。

② 王伟臣:《法律人类学个案研究的历史困境与突破》,载《民族研究》2017 年第 1 期。

③ Sally Engle Merry, Getting Justice and Getting Even: Legal Consciousness among Working-class Americans, Chicago: University of Chicago Press, 1990.

④ John M. Conley, and William M. O'Barr, Just Words: Law, Language, and Power, Chicago: The University of Chicago Press, 1998.

⑤ Patricia Ewick and Susan S. Silbey, The Common Place of Law: Stories from Everyday Life, Chicago: University of Chicago Press, 1998.

法律语言实践作为分析观察的对象。至此，法律人类学的个案范式正式向"日常"发生转向。这些作品推动了"日常个案"在法律人类学学界的进一步讨论与传播。

（二）"日常个案"关注的法律问题

康利和欧巴尔关注法律中的权力问题。他们将法律与语言结合起来，把法律话语的微观分析作为研究方法，通过法律语言（话语）分析，并把不平等的结构和文化相联系，去揭示法律权力的运动轨迹及其与各种非正义、不平等事实之间的关系。通过分析日常法律话语的逻辑结构，他们发现法律的权力运动是以语言为中介的。这具体体现在《法律、语言与权力》一书中关于强奸案审判的会话分析、调解会议中宏观话语和微观话语、法庭谈话中的话体变异，小额索赔法院和律师办公室中的争端转化，以及与胡里族（Huli）妇女的访谈等具体日常个案中。这一研究路径为法律实践中存在的一般性问题提供了参考，也让该书成为这些交叉领域在研究视角上的拓荒者。[①]

《诉讼的话语——生活在美国社会底层人的法律意识》一书研究的问题是调解对美国初等法院所做出的公正性贡

[①] 参见［美］约翰·M. 康利，［美］威廉·M. 欧巴尔：《法律、语言与权力（第二版）》，程朝阳译，法律出版社2007年版，第2—17页。

献，其中的权威表述及其支配作用是该书研究的核心问题。作为当代法律民族志的重要代表之一，该研究侧重观察了三个不同法院关于"垃圾"案件的调解工作。为此，梅丽分别去了两个新英格兰地区的城市与当地的初等法院、调解机构等，通过倾听、谈话和观察邻里关系、婚姻关系、男女恋人关系、亲子关系，从中洞析出法律意识及其表现出的问题类型。在分析这些经验材料时，她并不是将问题孤立起来，而是站在法律人类学的整体视野中，从社会环境、原告的社会阶层、庭审中的话语转化和情绪抵触等微观视角去逐一研究与解剖。①

"法律在美国人日常生活中的意义"② 是尤伊克和西尔贝关注的问题。为此，他们通过普通人的故事和叙事，来揭示美国人是如何解释和体验法律的；通过展示对法律运用和解释的差异性，来说明法律是社会关系所表现出的特征；最后，他们发现法律的意义是多样且矛盾的。③ 这一发现以"日常个案"的研究方式回应了以下几个具体问题：（1）法律规则在普通人的日常生活中意味着什么；（2）靠法律规则

---

① 参见［美］萨利·安格尔·梅丽：《诉讼的话语——生活在美国社会底层人的法律意识》，郭星华、王晓蓓等译，北京大学出版社2007年版。
② ［美］帕特里夏·尤伊克，［美］苏珊·S. 西尔贝：《日常生活与法律》，陆益龙译，商务印书馆2015年版，第7页。
③ 参见［美］帕特里夏·尤伊克，［美］苏珊·S. 西尔贝：《日常生活与法律》，陆益龙译，商务印书馆2015年版，第45—49页。

生活着的真实意义在什么地方；（3）普通人在生活中何时会、如何运用法律处理问题；（4）普通人何时会使用法律阻止问题发生；（5）为什么有的人因为鸡毛蒜皮的小事情就会动用法律？而有的人却不会；（6）普通人对法律的不同使用和决定怎样积累产生出法律系统；（7）法律的各种解释和使用随着时间历程会对其稳定性、持久性造成影响吗？①"法律的社会建构论"和"行动中的法"是该研究的立论基础。不同于以往关注法律制度的经验研究，《日常生活与法律》的方法论在奥斯汀·萨拉特（Austin Sarat）和托马斯·卡恩斯（Thomas R. Kearns）将经验研究的焦点指向那些"似乎是在事物表面上，游离于法律之外或至少在开始不受法律支配的事件和实践"②的基础上，提出一种将法律现象作为文化实践进行研究的模式。这一模式贡献了一种有别于其他做社区法律民族志结论的，非对抗式的法律关系模式。③

纠纷并不是日常个案关注的唯一问题，只是关注的诸多问题之一，因为日常个案是以网络式的法律性事件和行为表现出来的，是一种开放性的法学研究视角，所以纠纷并不是

---

① 参见［美］帕特里夏·尤伊克，［美］苏珊·S. 西尔贝：《日常生活与法律》，陆益龙译，商务印书馆2015年版，第1—2页。

② Austin Sarat and Thomas R. Kearns, Editors, Law in Everyday Life. Ann Arbor: University of Michigan Press, 1993.

③ 参见［美］帕特里夏·尤伊克，［美］苏珊·S. 西尔贝：《日常生活与法律》，陆益龙译，商务印书馆2015年版，第76页。

生活世界中关于秩序的唯一主题。除了纠纷,法律实践空间里的权力、意识、秩序建构、法律的"在场",甚至是"不在场"等关系性问题都可以成为被研究的法律现象。在我们每一个人的日常生活中,纠纷本身就是偶发性事件,而非生活的常态。即便产生了纠纷,也仅有少部分纠纷会交由权力机构处理从而进入诉讼阶段,能在判决书上看到的纠纷更是比前者少很多。以往去某个偏远乡村等待纠纷的出现,或者到某个法院、公安机关或者管理机构收集一堆案例,便认为传统人类学主张的长时间的深度调查是高成本且无必要的,甚至将田野调查视为可以无师自通的方法,其背后的逻辑是对法律简单化理解和对"日常"的忽视。日常个案能够呈现出来的问题面向,不限于对法律边界、法律意识、法律的不确定性、法律的空间和法律多元等问题的思考,而这一切又是通过以系统且互动的整体性视角,观察行动者的日常语言以及非正式行为等具体、微观的系列现象才表现出来的。正如《日常生活与法律》中记录的米莉·辛普森、丽塔·迈克尔斯、德韦恩·富兰克林、查理斯·里德、尼科斯·斯塔弗罗斯、贝丝·舍曼、杰米·利森等个案并不是一个个纠纷片段一样,而是围绕法律的具有主位视角的系列生活事件。[①] 在这

---

① 参见[美]帕特里夏·尤伊克,[美]苏珊·S. 西尔贝:《日常生活与法律》,陆益龙译,商务印书馆2015年版。

些一个个"日常"中,我们可以看到法律在生活实践中是动态的、流动的,也是活生生的。正是尤伊克和西尔贝在"日常个案"方法论及其实践路径上的创造性,才让其作品频繁见诸国内外涉及日常视野的社科法学研究成果。

三、如何运用日常个案?

让我们看看西尔贝是如何运用日常个案的。虽然取得的是政治学博士学位,但在过去很长一段时间中,她是一名社会学教授,同时她在美国麻省理工学院(MIT)人类学系担任了18年的系主任,她也曾在斯隆管理学院任教并组织学术研究活动。在40年的职业生涯里,她的学术志趣一直是"法律是如何运作的",即法律(作为文本、组织实践和历史制度等形式)是如何与普通公民的需求和付出响应并发展的,以及法律是如何自下而上制定的[①]。她的日常工作就是在日常生活中研究法律。她在2019年发表的一篇导读《"日常工作就是研究日常生活中的法律"》(The Every Day Work of Studying the Law in Everyday Life)展现了她是如何处理日常工作、日常生活与法律在研究中产生的相互纠缠的。这能

---

① See Susan S. Silbey, The Every Day Work of Studying the Law in Everyday Life, Annual Review of Law and Social Science, vol. 15, iss. 1, 2019 October 13.

帮助我们更具体地了解西尔贝对日常个案的认知与实践。在日常工作中,西尔贝是一个热爱生活、注重家庭的人,可以说,其研究问题的来源就是生活情境里的实践。她在做一名学者的同时也在充分享受做一名大学教师、一位妻子和一位母亲。她非常看重自己对生活的感受,甚至有时候她会将生活角色置于职业角色之前。这位享有国际盛誉,站在学术前沿,让人仰望的学者,其实与绝大多数的女性科研工作者一样:在日常里,被迫放弃家庭聚会,以及与丈夫和孩子共度的假期,为各种"deadline"焦头烂额、熬更守夜;与所有普通的职业女性一样,面临着"如何平衡家庭与事业"这样的世纪难题。① 类似的情境,你我再熟悉不过了,因为我们都不过是凡人。谁能真正成为"supermother"呢?"完美人生"的标准毕竟不是常人所设的。常人的生活都是这样,一面遵循着某一共同的秩序制定规划,一面处理着各种劈头盖脸式的猝不及防。正如西尔贝所说:"生活道路和学术道路,尽管都有稳定的结构和惯例,但并不总是按计划执行。这些主题似乎提供了一种秩序,当这种秩序出现冲突时,只有用叙事回顾,才能将冲突凸显出来。"② 西尔贝就是

---

① See Susan S. Silbey, The Everyday Work of Studying the Law in Everyday Life, Annual Review of Law and Social Science, vol. 15, iss. 1, 2019 October 13.

② Susan S. Silbey, The Everyday Work of Studying the Law in Everyday Life, Annual Review of Law and Social Science, vol. 15, iss. 1, 2019 October 13.

在对日常生活和日常工作的反思中获得个案的方法与路径的。无论是在照顾家庭和孩子，或是处理谨慎的邻里关系的生活经历，还是在教学和多年的管理工作中，她都能将日常与学术研究捆绑在一起。① 在《日常生活与法律》之后，西尔贝还将日常个案的目光投向了知识精英，关心"精英科学家们是如何应对扰乱他们常规做法的法律要求（如新通过的法律法规）"等相关问题。②

  对于西尔贝的经验，我在研究西南少数民族村寨防火制度的过程中也有同样的体会。正是那段研究经历，开启了我的"日常"转向。"灾"是一种社会建构，而非自然的客观现象。对于自然界来说，不存在"灾"的问题，只存在"偶发"的现象。"灾"的实质是无序，包括对可能暗藏着无序性发生的"风险"和来自"不确定性"的不安全感与恐慌。所以"灾"的象征意义是对有序性的打断，其建构意义是形成情感联结。在制度层面，仅从统计学意义下的经济损失或是生命损失来识别灾，或衡量灾的大小，很难看到"灾"背后人与人、人与灾，乃至人与防灾制度之间的联结，也较难洞察到"无序"造成的更为深层的社会震荡。这些观点的建

---

① See Susan S. Silbey, The Everyday Work of Studying the Law in Everyday Life, Annual Review of Law and Social Science, vol. 15, iss. 1, 2019 October 13.

② Susan S. Silbey, The Everyday Work of Studying the Law in Everyday Life, Annual Review of Law and Social Science, vol. 15, iss. 1, 2019 October 13.

立,正是来源于"日常"视角的观察,而形成这样的视角主要源于两段与科研无关的日常生活经历。一个经历是成为母亲,身份的转变让我获得了从外到内的崭新感受。若把女性的生产经历视为对身体有序的打断,那么这一身体的记忆能在陌生的妈妈与孩子们之间建立从身体感受到心理感受的链接。另一个经历是在工作中的一场意外"阻断"。这些源于日常生活和工作的结构式体验与我的研究建立起一种"共感"式的联结。当然,这些感受对于我来说都是在建立了某一特定的身份或者历经了某一过程之后,才得以体悟的。日常生活的共通性经验就在于,都在一种秩序性的期待中,也都会被偶然打断,即便被打断的原因并不一定相同。

在《日常生活与法律》一书中,尤伊克和西尔贝对访谈进行了精心设计,例如,对随机性样本的选取;把访谈环境设置在被访者的日常生活语境中;选择做综览式的调查,而不是做一个社区或组织的民族志;按照重点和结构的不同分部分进行访谈;根据与被访者的互动来规划访谈时间;为被访者创造机会来确定谈论的内容;在开放式问题的同时考虑情境的差异性和广泛性;如何进行深入访谈;等等。在此过程中,对被访者语言、行为和情境的观察非常重要。此外,在该书中我们可以看到,关于日常个案的写作方式也不同于传统法律民族志写作。对日常个案的描述是一种具有主位特征的叙事性描述。① 当法律性事件被还原到日常生活的情境中,其所承载的信息要比在判例或卷宗上能读到的多得多,"一幅法律规则在大众文化和社会中的运作图画"就更能被全面、直观地展现出来。②

"日常个案"的方法实际不仅止于访谈和观察,还可以运用其他多种定性和量化的研究方法,也允许创建新的研究方法种类,因为方法总是跟着问题走的。需要对方法予以强调并明确的是,方法本身的科学性、规范性和伦理性,以及方法背后的理论预设、知识建构、内在逻辑和人文关怀。尤伊克和西尔贝将"日常个案"明确为研究方法之后,"日常个案"的具体实践方法不断被后继学者们扩展或补充。美国加州大学洛杉矶分校的马修·福克斯(Matthew P. Fox)运用刑事陪审团审议的真实记录视频来观察陪审员们的自然对话,以获知非法律专业的陪审员是如何认识法律和解释法律意义的。他的研究表明,法律是陪审员对话的一种资源,他们根据对法律边界的自觉性理解去建立合法和非法行为之间的区别。③

---

① 参见[美]帕特里夏·尤伊克,[美]苏珊·S. 西尔贝:《日常生活与法律》,陆益龙译,商务印书馆2015年版,第2页。
② 同上书,第44—54页。
③ See M. P. Fox, Legal Consciousness in Action: Lay People and Accountability in the Jury Room. Qualitative Sociology, vol. 43, 2019.

对同学们来说,"日常个案"的视角直接带来的好处就在于对研究选题的发现,也就是在日常生活中建立一种问题意识的思维。站在"日常"的角度看,法律的边界是很难去限定的,正如最开始我们在回答"你认为什么是法律?"一样,答案可能就是以你最近一次在生活中接触到法律的某一形态展现出来的,甚至有时展现出来的秩序未必能用规范意义的法律概念去界定。换个角度正好说明,法律在日常生活中是无处不在的。下面以我最近一次接触法律的经验举例,大家可以一起来讨论:

图九 家门口的儿童自行车

这是一张我前天在家门口拍的照片。照片显现的场所是一个三户共用的公共楼梯间,照片正中心是楼梯间的消防门。

门上挂的标识牌已经说明这个门和门前一部分空间的法律功能——安全保障空间。但是我们可以看到，门前停放着一辆儿童自行车。大家可以把从照片中读到的信息分享到讨论区，一起交流：

  这部车是照片左边住户家的，属于私人物品。这个私人物品放在这里已经有四五年，都不曾动过。可以判断，对于物的所有权人来说，它已经丧失了使用功能。但是在法律上，它仍是私人物品，失去使用功能并不代表物的所有人放弃了对物的权利。所以，他人是不能随意移动、使用或占用这辆儿童自行车的。但是，这个私有物摆在公共走廊上，占用了公共空间，在事实上损害了另外两家住户共同使用公摊面积的权利，也有妨碍消防安全保障的风险；既不符合国家相关法律和行政规章的规定，也违反了小区物业管理的规定。2022年国家住建部发布的《民用建筑通用规范》和《消防设施通用规范》对民用建筑的公摊面积作出规定：公摊面积是分摊的公用建筑面积的简称，指每套（单元）商品房依法应当分摊的公用建筑面积。它与套内建筑面积之和构成了一套商品房的建筑面积，包括：电梯井、管道井、楼梯间、变电室、设备间、公共门厅、过道、值班警卫室和共用墙体。"公摊"指的是上述建筑面积的建设成本由该栋业主以增加购房款的方式平均分摊。按照《民法典》第二百七十二条规定："业主对其建筑物专有部分享有占有、使用、收益和处分的权利。业主行使权利不得危及建筑物的安全，不得损害其他业主的合法权益。"① "不得危及建筑物的安全"的进一步规定可以在《消防法》第二十八条中看到："任何单位、个人不得……占用、堵塞、封闭疏散通道、安全出口、消防车通道……"② 也就是说，对于公摊面积，业主可以正常使用，但不得侵占，不得损害其他业主的合法使用，也不得做出危及建筑物安全的行为；若公摊面积属于疏散通道、安全出口、消防车通道，任何个人和单位的占用、堵塞、封闭行为同时违反了《民法典》和《消防法》的相关规定。这样的场景是不是在你的生活中也非常熟悉？我从小就对这类情景见怪不怪了，小时候家里还使用煤时，楼梯间摆放的是蜂窝煤。既便是已经把煤摆在自家院里的，那也不能"吃亏"，不放煤，还可以放鞋架、废弃家具、杂物等等。因为传统认知中并无"权利"一说，既然公私认知模糊，就不存在现代法治的"公私"概念。这类心理认知的中心是行动者，"公"就是"私"，"私"就是"公"。传统的人情社会不存在对"公私"边界的明确划分，唯一的秩序就是关系的亲疏。那么纠纷的产生也是根据这套

---

① 《中华人民共和国民法典》第二百七十二条。
② 《中华人民共和国消防法》第二十八条。

动态的亲疏秩序来决定的。加上俗话说："远亲不如近邻。"一方面，谁占不是占呢，都是自家人；另一方面，不占白不占，不占才吃亏。因此，公地私用的情形遍地都是，但真正引发邻里诉讼的时候却不多见。进入现代商品经济社会以后，熟人社会的居住模式早已被打破。邻里之间不再通过情感维系秩序，但是伦理的约束仍在践行。所以，这辆邻居的车，我们明知不合法，也不合理，但也怕伤了邻里关系，尽管请物业多次出面制止，但是物业没有实际行政处罚权利，屡次告诫没有任何效果。尽管小区派出所就在楼下不远处，一辆儿童车即便被摆放得不合法，也不合理，但正因为它是辆"儿童车"，作为一个成年人怎会做出与"儿童"计较的行为呢？这岂不是丢了伦理的体面吗？若不是儿童车，而是一辆成人的自行车，可能又要另当别论了。这张普通的照片可以分析出的秩序问题还有很多，我们看一下讨论区：

  福冈女子大学的沈小舒留言："我觉得这张图里自行车车主不愿把车放进家里，可能是怕弄脏地板，体现出一种'家庭的法律'。"
  河南大学的周晨晖留言："公共区域。"
  河南财经政法大学的李亚锋留言："家里有小孩。"
  汕头大学的刘塌银留言："相邻权纠纷。"

同学们从照片里读到的信息角度各异，非常丰富。这些信息就是形成"日常个案"问题意识的开始。总而言之，"日常个案"提供一个新的方法论，它意味着法律人类学以实现"反身"的方式，打破了田野的传统边界，跨越了地域和族际，将研究视界转移到自身文化空间批判与理解的基础上。在这里，法律既可以继续确立普遍客观的可能性，又不至于抹杀个案的多样性；既可以上下求索，又可以左右贯通；研究者不再臆想将自己从田野中撤除出去，研究者与研究对象之间已然形成一种关系联结，研究者亦是研究对象。此时，日常建构了田野，田野成为了日常，一个比以往更具开放性与复杂性的经验世界由此打开。

答疑与互动

问题一：日常语言和日常个案的关系是什么？语言哲学指示意义世界，人类学考察现实生活。二者是否不相关？

回答：语言哲学的中心问题：一是语言和世界的关系，即逻辑语言学；二是语言或语词的意义，即日常语言学。日常语言学以奥斯汀、维特根斯坦等人为代表，注重日常语言本身的复杂性，主张要对日常语言或自然语言进行分析性的研究，强调语言使用的具体语境，注重联系具体的微观语境来探讨语词之间的使用差别；反对人工语言和设计某种完善逻辑的定义；认为只有在语词分析的基础上才能认识社会现象，只有将语言和活动联系在一起才能把握语言所蕴涵的生活形式，在相似中理解语言模糊性和可能的边界。"语境"是语言哲学最为核心的关键词。日常语言影响了当代人类学本体论转向，也帮助哈特形成了新分析实证主义法学。同样，日常语言为法律人类学提供了新的认识论与方法论，进而成就了"日常个案"。在语言哲学中，语言就是人类最为系统的社会生活，所以语言哲学与人类学紧密相关，而不是无关。

问题二：法律人类学中的"问题个案"和"扩展个案"范式与后来出现的"日常个案"范式之间，除了方法论上的区别，还有其他根本上的不同之处吗？如何把握这些不同的研究范式的边界？

回答："问题个案"、"扩展个案"和"日常个案"除了方法论上的区别，在认识论上也存在差异。它们之间不是一个单线递进的关系，而是相互包含的关系。"问题个案"开启了法律人类学的纠纷研究路径，"扩展个案"在关注纠纷的基础上，注重纠纷中的历史、过程和关系。在边界的突破上，尽管历史、过程和关系仍然是"扩展个案"的分析维度，但是"日常个案"跳脱出了纠纷的内部扩展路径，将纠纷以外的其他法律性现象也作为研究对象，侧重日常生活中非正式的、被忽略的、认为理所当然且微不足道的问题，并对之进行意义阐释和行动分析。与此同时，他域向生活世界的田野转向，以及研究者向研究对象的反身转向，也是"日常个案"的标志。

问题三：《日常生活与法律》一书中总结了人们对待法律的三种态度：敬畏法律、利用法律和对抗法律，现实中人们法律意识的多样性，构成了法律的持久性和巨大影响力。请问走进"日常个案"，理解日常生活与法律互动关系的研究，如何能指导法律人类学、法学等学科和社会的发展，即如何将这些较为广泛且零散的观察转化为系统的研究成果？

回答：这存在两个层面的问题。在方法上，"日常个案"提供一个新的经验研究路径，简而言之，就是打破边界，通过微观生活叙事，在研究者的反身式检视中形成问题意识。在观点的形成上，需要围绕问题意识，打破学科界限地去广泛阅读。毕竟生活的复杂性并不能用一门学科就获得答案。在尚未建立问题意识之前，我觉得按照兴趣进行跨学科阅读也不错。

问题四：可以理解生命历程故事也属于一种"日常个案"吗？如何训练发现"日常个案"的敏锐度呢？

回答：生命历程故事是可以成为"日常个案"的叙事对象的。生命历程在一定程度上就是生活历程，无论是生命历程还是生活过程皆是对研究对象所处情境的关照，在此过程中放入关系的分析视角，就可以获得"日常个案"的整体观。"日常个案"的敏锐度就是如何形成问题意识的问题,除明确并有意识地建构一种"日常个案"的视野以外,在具体方法上,仍然是扎实田野和跨界阅读能帮你炼就一双慧眼和"灵魂出窍"式的分析能力。

第六讲
从田野调查到法律民族志

——尹韬

引 言

  传统意义的田野调查要求人类学家在一个社区待够一年，学会当地的语言，与当地人"同吃同住同劳动"，核心是"参与观察"。田野调查不是访谈，不是问卷调查，也不同于文献研究，是人类学所独有的研究方法。法律民族志是以研究法律文化实践为主题的民族志作品，不光是要对人类学内部的理论争论有所贡献，也要对一般社会科学尤其是法学的一般问题有所回应。

  今天所讲的内容主要有以下四个部分，首先简要讲田野调查与法律民族志的开启，这部分主要谈马林诺夫斯基开创的田野调查方法，及其撰写的法律民族志专著《原始社会的犯罪与习俗》。接着分别通过有关中国古代、近代和当代涉及异域、民族地区和中原地区的三本民族志来探讨今天所讲的话题。

一、田野调查与法律民族志的开启

学界通常的看法认为，马林诺夫斯基（Bronislaw Malinowski，1884—1942）这位来自波兰的英国人类学家开启了田野调查的方法。他出版于1922年的专著《西太平洋上的航海者》，是现代人类学的里程碑，预示着长期的田野调查方法的确立。四年之后，也就是1926年，马林诺夫斯基出版了《原始社会的犯罪与习俗》一书，这本书被认为是较早的法律民族志之一。

马林诺夫斯基的青少年时期和早期的学术生活情况，可以参考迈克尔·扬撰写的精彩传记《马林诺夫斯基：一位人类学家的奥德赛，1884—1920》。马林诺夫斯基生于波兰的克拉科夫。他的父亲是波兰雅盖隆大学的语言学教授。他的母亲是贵族之后，家里拥有大量土地，受过良好教育。他是家里的独子，健康状态不佳，患有严重的眼疾。马林诺夫斯基年少时曾长期休学，由母亲或家庭教师教导学习。他的父亲曾研究过波兰民俗，这可能是他最早接触人类学的相关知识的契机。青年时，他曾在母亲的带领下到非洲和地中海的一些地方游历，使他对不同民族的文化和风俗有了感性认识。

来自父母的家庭教育，对今后他从事人类学这门学科的研究产生了一定的影响。

马林诺夫斯基于 1902 年进入父亲所在大学的哲学系就读，直到 1908 年。在患病期间他阅读了弗雷泽（James George Frazer）的《金枝：巫术与宗教之研究》一书，因此决定攻读人类学。1910 年，他拿到奖学金，来到伦敦政治经济学院，师从韦斯特马克（E. A. Westermarck）和塞利格曼（C. G. Seligman）。在那里，人类学作为一门独立学科的地位刚开始确立。1914 年，他获得前往澳大利亚做研究的机会，但他抵达时，"一战"爆发了。由于他的国籍是英国的敌对国奥地利（当时波兰被德国、奥地利和俄国瓜分），他不能再回英国，被迫滞留在澳大利亚。1915 年到 1917 年，他在特罗布里恩德岛做了两年多的田野调查。他把自己作为田野工作者的天赋发挥到极致，学会了当地的语言，记录了大量详实而丰富的田野材料，涉及政治、经济、法律、宗教、巫术、艺术等领域。1920 年，他从澳大利亚回到伦敦政治经济学院。1922 年，他出版了现代人类学的奠基性著作《西太平洋上的航海者》。此后直到 1938 年，他任教于伦敦政治经济学院。在那里，通过著名的席明纳（Seminar），他培养了大批在人类学领域有影响力的人物，包括著名人类学家弗斯（Raymond Firth）、利奇（Edmund Leach）、埃文斯-普理查德（Edward E. Evans-Pritchard）、费孝通、许烺光等。

1938年,他前往美国耶鲁大学任教,期间曾到墨西哥开展短暂的田野工作。1942年因心脏病发作逝世,终年58岁。

基于在特罗布里恩德岛的田野调查材料,马林诺夫斯基写了一系列著作,包括《原始社会的犯罪与习俗》(1926)、《野蛮人的性生活》(1929)、《珊瑚园艺与巫术》(1935)等,成为民族志书写的典范。其中,《西太平洋上的航海者》影响最大。这是一部围绕当地一种叫做"库拉"交换制度为主题的民族志,也包括当地的神话和巫术。"库拉"涉及两种东西的交换,一种是用红色贝壳打造的项链,另一种是用白色贝壳琢磨的臂镯。围绕着两种宝物的流动形成了"库拉圈",一种是顺时针方向,另一种是逆时针方向。土著人交换这两种物质都不是为了实用,而是为了提高自己的声望。马林诺夫斯基详实而生动的书写,引发了英、美、法等国人类学有关礼物交换的讨论,至今影响不绝。

该书除了上述理论的贡献,在方法论方面,它旗帜鲜明地提出了田野工作的参与观察方法,成为人类学这门学科的标签。田野调查有三块基石:"第一,民族志学者当然必须有真正的科学目的,了解现代民族志的价值和标准;第二,他应将自己置身于良好的工作条件中,即基本上不和白人住在一起,就住在土著人中间;第三,他必须用一些收集、

处理和整理证据的专门方法。"① 第二点最为基本。这是他认为自己在方法论方面的突出成就,在导论中他这样写道:

> 无须赘言,在这个方面,科学的田野调查远远超过甚至是最优秀的业余作品。然而,后者往往擅长以下一点,即展示与土著生活的密切接触,并且使我们了解只能通过以某种方式与土著人密切接触后才能了解到的土著生活的方方面面。科学工作——特别是被称为"调查工作"的科学工作——的某些成果,可以说,给我们提供了极好的部落机构框架,但它缺乏骨肉。我们对其社会框架了解颇多,但在这个框架中,我们无法感知或想象到人的生活的真实情况、平淡的日常活动,以及因某次宴席、仪式或某个异常事件而偶然泛起的兴奋的涟漪。在考察土著风俗的规则和规律,以及根据收集到的信息和土著人的陈述对规则和规律作出精确描述的过程中,我们发现这种精确对从不严格遵守任何规则的真实土著生活而言,却是陌生的。②

此处强调在土著生活中进行田野调查的重要性。它比任

---

① [英]马林诺夫斯基:《西太平洋上的航海者——美拉尼西亚新几内亚群岛土著人之事业及冒险活动的报告》,弓秀英译,商务印书馆2016年版,第22页。
② 同上书,第39页。

何之前的行政官员、传教士、旅行家的观察更甚一筹，也比之前号称是科学的但实际上是浮光掠影的"调查"要深入很多，因为它能够为我们提供社会框架和社会规律之外的日常生活信息。

这本书为田野工作确定了几个基本原则：第一，选定一定的部落或群体进行一年及以上的田野调查。这点要求我们选择合适的研究单位，以便对当地人群的政治、经济、法律等方面都有深入了解，并学会从当地社会的整体来看待问题；第二，学会当地人的语言，尽量参与当地人的日常生活。学习当地语言是了解当地文化的工具和窗口；第三，学会用本地人而不是外地人的视角来看待问题。长期的田野调查使得我们对当地人产生"心有戚戚焉"的感受，从而了解他们看待问题的方式。

田野调查有一个很明显的特点，就是要求研究者在一个地方待得住、有耐心，不是"打一枪换一个地方"，注重参与观察和体悟。按照中国人的话来说，就是"同吃同住同劳动"，深入参与到所调查对象的生活当中。"日久见人心"，如果你待的时间很短，别人对你的信任感建立不起来，那么得到的都是些浮光掠影的、错误的材料。它不能等同于访谈，更不等同于问卷调查，做"一锤子买卖"。在做调查时，人类学家可能有自己的疑问，但不是去发问卷，问卷上很多都是你的问题，而不是被研究者关心的问题，很可能"牛头不对马嘴"。在做田野调查时,应该把自己放空,关注点随着田野的深入而有所调整,甚至改变。如果遇到了什么挺有趣的事,你得抓住这个点不放,继续深挖,这方面可以采用马克斯·格拉克曼(Max Gluckman)所开创的"延伸个案研究方法"。

田野调查也不等同于文献研究方法。对于历史学家来说,文献的查找和梳理是基本功夫。好的人类学家会积极地将田野材料和历史文献资料做一个结合,这样做出来的研究才有历史纵深度。但它毕竟强调田野工作者要亲临现场,靠长期的互动和融入,而不只是依靠书本获得对一个地方的认识。

法律民族志是人类学家对一个地方的法律观念、法律实践,以及法律互动情况有深入的掌握,在和学界、公众中相关的看法进行对话之后,写作的专题性著作。法律民族志不仅是对人类学的问题有所回应,也应该对法学领域的问题有所回应。比如,一般的法学领域多是从法规的角度讨论人权,而人类学侧重于人权的社会实践。

《原始社会的犯罪与习俗》就是人类学里最早的法律民族志之一。[①] 在这本书里,马林诺夫斯基对学者和公众的错

---

① 参见[英]马林诺夫斯基:《原始社会的犯罪与习俗》,原江译,法律出版社2007年版。

误看法进行了纠正。首先，有关土著人完全受社会支配的看法是错误的，在原始社会中也有个人的权利和义务；其次，原始社会只存在西方社会所认为的刑法这种观点也是错误的。这种错误观点既源于西方学术界长期存在的偏见，又在于他们道听途说和浮光掠影的调查。马林诺夫斯基提出了自己的矫正办法。应该研究的是原始社会理想形态与实际情况的互动，看到土著社会中的个人也存在自己的私利、欲望、情感。原始社会不只存在土著人触犯了法律之后惩罚他们的刑法，若是那样，就把他们的法律范围狭窄化了。除刑法以外，他们的民法也极为发达，而这正是他们会服从和遵守原始法律的原因。这种民法的诞生主要是基于不同个人、家庭乃至村庄之间互惠和合作所带来的压力。

马林诺夫斯基以他在特罗布里恩德岛的田野材料为基础，佐证了上述看法。他给出了不少亲眼所见、亲耳所闻的生动的案例。比如，一个内陆的村庄盛产蔬菜，而一个海边的村庄盛产鱼类，彼此需要对方的产品。因此，两个村庄长期保持互助和交换的关系。他也讲到一起感情纠纷。其中一个村庄的女子与另一个村庄的男子订了婚，但她并不喜欢他。她和自己同一个母系氏族的男子保持着恋爱关系。在当地，同一个母系氏族的人恋爱是禁忌。她的未婚夫知道这件事之后，在公开场合用最恶毒的语言攻击这名男子。后者走投无路，穿上华丽衣服，爬到椰子树上，跳下来身亡了。死者的氏族为了报仇,与未婚夫所在的村庄发生了械斗,导致未婚夫受到重伤。借此案例,马林诺夫斯基希望说明,部落的理想社会形态和实际情况之间存在差距,社会规则与个人欲望和情感之间也不总是契合。

在马林诺夫斯基之后,人类学界通过田野调查的方法收集材料,围绕着社会中的法律实践写出的专著不少。代表作有霍贝尔(E. Adamson Hoebel)的《初民社会的法律》(1954)、格拉克曼《北罗得西亚巴罗策人的司法过程》(1973)、萨莉·摩尔的(Sally Falk Moore)《社会事实及其构造》(1986)等等,成为法律民族志的典范。它们对法律人类学家,就像经书对于民间道士,需要反复翻阅,从中寻求营养。

二、中国人书写的三本法律民族志

这个部分,我们通过三本著作,来探讨从田野工作到法律民族志的过程。这三本著作分别是元代周达观的《真腊风土记》,近代费孝通和王同惠合著的《花篮瑶社会组织》,以及我自己的《嫁接:戏曲与妇女法在当代中国农村的转译》。这三本著作的研究区域分别是异域、民族地区和中原汉族地区。

(一) 周达观及其《真腊风土记》

　　学界通常的看法以为，田野调查方法始于马林诺夫斯基。不过，也有一些其它看法。无论是西方还是中国，在人类学作为一门社会科学开启的 19 世纪中叶以前，都有书写异域民族的传统。中西古代的旅行家或官员，尤其是那些在其他民族地区长期生活的人，会写出一些类似于今天民族志的著作。人类学、民族学前辈如马长寿、吴文藻和杨堃等都认识到中国古籍中有丰富的人类学、民族学资料。杨堃曾说，司马迁不仅是中国的历史学之父，也是中国的人类学之父。这是一种非常有见地的看法。司马迁年少时，曾漫游各地，了解风俗，采集传闻。他亲自到过那些名山大川和古迹遗址，书写的历史才栩栩如生。

　　这里我们主要谈的是元代旅行家周达观和他所写的《真腊风土记》一书。据相关资料，周达观生于约 1266 年，卒于 1346 年，温州永嘉（今属浙江温州）人。元贞元年即 1295 年由温州港出发，奉命随元使赴真腊（也就是今天的柬埔寨）访问，1296 年至该国。他在那里居住一年多，至大德元年即 1297 年返回。他根据所见所闻，撰成《真腊风土记》一书。书中所记之都城，即今柬埔寨吴哥窟。1431 年暹罗攻破真腊国都吴哥，真腊国迁都金边，吴哥窟被遗弃，逐渐被森林所覆盖。1819 年法国 J. P. A. 雷慕沙首先将周达观所著

《真腊风土记》译成法文,吴哥窟才逐渐为世人所知。由于东南亚地处潮湿地区,当地有关吴哥窟的记载难以保存,《真腊风土记》成为唯一一本了解吴哥都城的史料,具有相当高的文献价值。除了法文,还有英文、日文、德文、柬埔寨文多个版本。

《真腊风土记》全书约8500字。书中详细叙述了从国王到百姓的政治、经济、文化、宗教、习俗、语言,记载了山川、物产等内容,还涉及真腊周边山地民族的情况。卷首乃"总叙",其余共40则,分别为:城郭、宫室、服饰、官属、三教、人物、产妇、室女、奴婢、语言、野人、文字、正朔时序、争讼、病癞、死亡、耕种、山川、出产、贸易、欲得唐货、草木、飞鸟、走兽、蔬菜、鱼龙、酝酿、盐醋酱麹、桑蚕、器用、车轿、舟楫、属郡、村落、取胆、异事、澡浴、流寓、军马、国主出入。

中外学者注意到,该书和现代的民族志专著有类似之处(Murray,1994;罗杨,2010),去世不久的美国文化人类学大师萨林斯就曾引用该书论证自己有关文化他性导致文化变迁的论点。和马林诺夫斯基所开创的总体民族志类似,《真腊风土记》将政治、经济、宗教、习俗等作为一个整体来看待。从人类学来说,里面有不少内容值得关注,比如当地受到印度教影响的曼陀罗式的王权制度。国王居住在被认为是宇宙的中心——吴哥窟的金塔,不轻易外出。每天国王与九头蛇精交媾，再与妻妾同睡，以获得宇宙的神力。从现代人的眼光来看，这属于封建迷信，但对真腊当地的居民而言，这是千真万确的。就像明清时期的皇帝要到天坛、地坛祭拜是一个道理。不管是真腊的国王，还是明清的皇帝，都认识到在他之外，还有一个更大的宇宙力量存在，不能违背。

人类学家不能站在道德制高点对当地人的实践指指点点，而是要通过长期的参与观察，进入当地人的生活实践之中，理解他们对于世界的看法。周达观在真腊做了一年的"田野调查"。当时，元朝与真腊的关系并不融洽，元朝攻打真腊未遂，在他之前的使臣曾被真腊扣留。作为元朝使节，周达观的目的是前去招抚真腊。但真腊国王并没有召见他们，他主要住在居民家里，而不是正规的宾馆驿站里面。也正因如此，他对整个真腊的观察与当地民众的生活息息相关。

在总叙里，他交代了自己前往真腊的目的、时间、路线。在正文里，他像现代人类学家一样，交代自己材料的获取方式。有的是自己亲眼所见，比如有限的几回见到国王出巡的仪式，"余宿留岁余，见其出者四五"；有的是听说，但不能保证真实性，比如讲僧人破童女童身的传说，"但不容唐人见之，所以莫知其的"；又比如讲到国王办事的地方时，"闻内中多有奇处，防禁甚严，不可得而见也"。不过，周达观并未像现代的科学民族志一样，笃定自己的材料百分之百正确。对有疑虑的地方，他一一加以说明。尽管如此，如他在

"总叙"中所言,"其风土国事之详虽不能尽知,然其大畧亦可见矣"。周达观改变了时人之前对南方民族是野蛮人的看法,认识到他们有自身的礼仪,如总结处所说,"以此观之,则虽蛮貊之邦,未尝不知有君也"。

该书与法律主题相关的内容主要有两部分,一部分是真腊王国等级秩序方面禁忌的描述,另一部分是官府处理民众诉讼的内容。

在真腊,从国王到国戚大臣到民众再到奴婢,形成了一系列严格的等级秩序,违背者会受到严格的惩罚。建筑方面,是否用瓦以及用何种瓦是区别国王、大臣和民众的关键。在王宫,"其正室之瓦以铅为之,馀皆土瓦,黄色"。对国戚大臣的房屋,只有家庙和正中的卧室允许用瓦,其余地方只能用草。而普通百姓的住宅,即使富裕之家所建的宽大房屋,也只能用草,不能用瓦。

服饰方面,不同等级之人也有严格的区分,"布甚有等级"。自国王到民众,出门都用一条大布缠于腰间。只有国王可用纯的花布,他所用的布华丽精美,用掉黄金三四两。大臣国戚可缠稀疏的花布,只有当官的可以用两头花布。百姓只有妇女可以缠两头花布。

官员的出入仪式也有等级规定,"其出入仪丛各有等级",区别在于使用的轿杠和伞盖的不同。使用金轿杠、四把金柄伞盖的是最高官员。使用金轿杠、两把金柄伞盖的官员次之。使用金轿杠、一把金柄伞盖的又次之。只用一把金柄伞盖的再次之。在这之下的，应使用银柄伞盖，或者只使用银轿杠。

百姓以下，还有奴婢。真腊对于奴婢的行为也有明文规定。这些奴婢都是买自山区的平民，有的人家奴婢多达上百人，有的人家有一二十人，而很贫穷的人家则没有。奴婢需要做事情时，得跪膝合掌顶礼方可允许登楼。若有过失，则低头受打，一动不敢动。

官府处理民众诉讼的内容主要集中在正文十四"争讼"一则。周达观讲道：

> 民间争讼，虽小事，亦必上闻。国主初无笞杖之责，但闻罚金而已。其人大逆重事，亦无绞斩之事，止于城西门外掘地成坑，纳罪人于内，实以土石坚筑而罢。其次有斩手足指者，有去鼻者，但奸与赌无禁。奸妇之夫或知之，则以两柴绞奸夫之足，痛不可忍，竭其资而与之，方可获免。然装局欺骗者亦有之。或有死于门首者，则自用绳拖置城外。野地初无所谓体究检验之事，人家获盗亦可施监禁、拷掠之刑。却有一项可取。且如人家失物，疑此人为盗，不肯招认，遂以锅煎油极热，令此人伸手于中。若果偷物则手腐烂，否则皮肉如故云。番人有法如此。又两家争讼，莫辨曲直。国宫之对岸有小石塔

十二座,令一人各坐一塔中,其外两家自以亲属互相堤防。或坐一二日,或三四日。其无理者必获证候而出,或身上生疮疖,或咳嗽热证之类;有理者畧无纤事。以此剖判曲直,谓之天狱,盖其土地之灵有如此也。①

图十　小石塔

小事也必须要上书国王,说明真腊王国权力介入民众生活之深。处罚有两类,一类是"大逆重事",可能主要涉

---

① [元]周达观著,夏鼐校注:《真腊风土记校注》,中华书局1981年版,第128—129页。

及谋反之类，其惩罚方式是在城西门外，挖坑将罪犯活埋。另一类是关于奸淫、偷盗、赌博等的惩罚，惩罚方式为斩手、脚或者指头，或者剜鼻。官府也给民众一定处理的权限。如抓到奸夫可以实施绞刑，抓到盗贼可施监禁、拷掠之刑。

若是遇到两边争论不下，官府没法断案的时候，则采取抓油锅或神断的方式。遇到盗贼不承认的情况，就采取伸手进油锅的办法，如果他的手没有受伤，则证明是清白的，反之则是有罪。若是两家发生矛盾，没有其他解决办法，就让他们各派一人坐在皇宫对岸的小石塔中一两天或者三四天。如果有人身上生疮，或有咳嗽热症的症状，就说明这家人有问题。这种处理方式和中国传统的神判类似，"天网恢恢，疏而不漏"。它不是一个世俗意义上的纠纷调解机制，而是引入了神灵的力量。所以周达观说，"以此剖判曲直，谓之天狱，盖其土地之灵有如此也"。

这本书涉及异域从国王到民众的礼仪秩序和纠纷解决机制，与当地以印度教为核心的等级式宇宙观密切相关。周达观通过在当地长达一年的考察，从当地人的视角出发，再与中国的情况进行比较。他所书写的内容和采取的方法，与今天的法律民族志有类似的地方，堪称古代中国人书写的异域法律民族志。

（二） 费孝通及其《花篮瑶社会组织》

现在我们从古代转到近代，区域也从异域转到了民族地区。这里主要讲的是《花篮瑶社会组织》一书，乃费孝通根据亡妻王同惠收集的材料整理而成。本书最开始的作者是王同惠，现在是费孝通，应该说是费孝通和王同惠合著比较合适。除了《花篮瑶社会组织》，应该结合他们合作的《桂行通讯》进行阅读。这两本小册子，后来都收录在了费孝通的《六上瑶山》一书①。《桂行通讯》主要记述了他们从桂林到柳州再到象州进入大瑶山的田野经历和所思所想，这是当时的民族志专著的内容所涵盖不了的。

费孝通是中国社会学、人类学的奠基人之一，先后在燕京大学师从吴文藻、清华大学师从史禄国、伦敦政治经济学院师从马林诺夫斯基。他是吴文藻的四位高徒之一，其他三位分别是林耀华、瞿同祖和黄迪。费孝通和王同惠都出生于1910年。当费孝通在清华大学读硕士的时候，王同惠还在燕京大学读学士。王同惠很有学术潜力，学习法文一两年，就翻译了《甘肃土人的婚姻》一书。王同惠很有自己的想法，在学术方面并不对丈夫亦步亦趋，而是带有分庭抗礼的味道。他们经常在一起就学术、国家命运等问题进行平等

---

① 费孝通：《六上瑶山》，群言出版社2015年版。

而直接的对话。

经吴文藻的推荐,费孝通在硕士二年级的时候,获得到伦敦政治经济学院攻读博士学位的机会。史禄国建议费孝通先做一年田野调查,收集博士学位论文的资料。在两位老师的帮助下,他选择到广西大瑶山进行田野调查。王同惠听说这个消息后,要和费孝通一同前去。为了调查方便,两人决定于1935年夏结婚。婚后一路南下,在老家吴江短暂小住之后,便踏上了前往广西大瑶山的路程。

费孝通在大瑶山主要测量当地人的体质情况,而王同惠更多进行的是社会组织方面的调查。《桂行通讯》记载了他们田野调查的细致情况。瑶族凭借大瑶山的陡峭地形,一直与平原的封建王朝做斗争。在费孝通夫妇到达的前几年,国民党才凭飞机大炮等现代武器对当地进行了直接统治。费孝通夫妇到达桂林之后,得到了桂林当局的支持,派两人陪他们进大瑶山,分别是省教育厅的唐兆民科员和象州县的张荫庭科员。和他们有直接接触的人还有当地的挑夫,帮他们运送行李。在大瑶山,他们主要居住在六巷"瑶王"蓝公霄家。蓝公霄的儿子蓝济君系广西特种师资训练所毕业,后任象州县东南乡乡长。他主动担任了费孝通和王同惠的翻译。六巷是花篮瑶的聚居地。王同惠驻扎在这个村子进行社会组织的调查,而费孝通到周围的村子进行体质测量,出去两三天到一个星期再回来。每天晚上,他们会对田野材料进行总结，然后讨论第二天调查的主题。

从通讯中，可以看到他们如何与当地人打交道，取得当地人的信任。这些方法在田野手册里通常是看不到的。专业的田野手册大多比较抽象，甚至呆板，告诉你第一步做什么，第二步做什么，哪些能做，哪些不能做。但没有做过田野调查的人，读了这类手册之后也不会有很大收获。由于费孝通和王同惠写的通讯包括具体的田野经历，就会给人产生相当的共鸣，让人能够知道具体的个人应该如何开展田野调查。

费孝通提到，喝酒是获得当地人信任的办法。史禄国是通古斯研究的权威，跟他讲，在通古斯民族做研究，喝酒是必备的。费孝通到了瑶山，也感叹道喝酒对于拉近与当地人关系的重要性。虽然酒量有限，但他努力通过喝酒与当地人打成一片。他也通过抽烟与当地人拉近关系。不光是他抽烟，王同惠也抽。晚上他们围在柴火旁边抽烟，讨论学术直到深夜。费孝通本科时在东吴大学学过医，他带了一些药过去，免费给当地人看病，这也是获取当地人信任的办法。他们也带了一些小礼品，送给当地人。

王同惠作为女性，在田野中有着男性不具备的优势，能够进入男性所无法进入的女性世界。比如女性的生理问题等等，男性不方便直接询问。王同惠和蓝济君的妹妹蓝妹国"打老同"，也就是结成"干姐妹"。虽然她们语言不通，但是通过礼物交换和比手势，在短时间内建立了比较深的感情。王同惠的最后一张照片就是和蓝妹国一起拍的。当时她和费孝通要离开六巷，到另一个村去开展调查。照片中，王同惠亲密地握着蓝妹国的手。蓝妹国身穿花篮瑶传统服饰，着绑腿，戴毡帽，而王同惠一头短发，身着白裤西装，脚穿史禄国专门送给他们夫妇的长筒马靴，飒爽英姿。国难当头的青年人能够有如此好的精神状态，和今天年轻人比较"丧"的状态形成了鲜明对比。

费孝通夫妇从当地人的视角出发，而不是摆出一副外来者高高在上的姿态。他们路过象州县时，从报纸上看到当地前两年经历的一场"瑶乱"。这个事件本身是由当地一个巫师发动。他们感叹道，从外人的观点来看，这是迷信，而对当地人来说，这是确确实实存在的事实。

由于费孝通夫妇秉持从当地人的视角出发的立场，在田野中能够运用上面所讲的喝酒、抽烟、交换礼物、递送药品等方式与当地人打交道，因而在两个月的时间里收集了详实的田野资料。这次调查中断的原因，在于费孝通在途中误入猎人陷阱，王同惠下山求救，不幸坠入山涧而亡。这说明田野调查不是游山玩水，走马观花，而是需要付出相当艰辛的努力，有时甚至是生命的代价。

这次调查的成果，一是《花篮瑶社会组织》，二是《桂行通讯》。费孝通对《花篮瑶社会组织》的书写，从小到大，从家庭到宗族再到村落，再到瑶族内部各支系的关系，再到瑶族与山外汉族的民族关系。可以从很多角度进行解读这本书，比如从民族关系的角度着手，从生育制度的角度出发。我们这里的解读，主要是从法律人类学的角度，将这本书视为一本法律民族志。它最核心的内容，一是涉及维系当地习惯法的石牌制度，二是与汉人的接触而产生的土地纠纷。前者侧重传统习惯法的维持，后者侧重在外来政治经济实力冲击之下，瑶山土地占有权变化的情况。

维持当地习惯法的一个基本组织叫做石牌制。石牌可大可小，小的涉及村庄的几户人家，大的涉及整个大瑶山。石牌制度产生的原因大多在于，到了一定时间，当地人觉得需要针对社会的情况新定一些规矩。这些规矩经过大家"民主讨论"，写在石碑之上，大家都要共同遵守。一个石牌有一个石牌头人，主要代表大家的公意来维持这些规矩，执行石牌制的惩罚。

比如，石牌的一项内容就是保护小商小贩进入大瑶山，其他人不能对他行凶、行骗。这是由于大瑶山以前属于相对隔绝的区域，但又需要外面汉人的盐、针等生活必需品。小商小贩进来之后，周围都是瑶人，如果谁都可以随意欺负他，下次他就不会铤而走险了，那样大瑶山的日常生活也会受到很大影响。所以石牌制保护这些进来做买卖的小商小贩。除此之外，石牌制也规定通奸、偷盗、杀人这些罪行该怎么处置。

石牌头人不是靠世袭，也不是靠现代选举，也不是实行终身制。按照费孝通和王同惠的说法，石牌头人就是"有德者归之"，靠德行，不是靠权力。费孝通夫妇住在石牌大头人蓝公霄家中，可以近距离了解石牌头人的特点。相对于其他人，石牌头人在经济上并没有占据什么优势，从处理纠纷中也不能获得经济回报。整个社会对他最主要的要求是办事公正。如果两个家族发生纠纷，石牌头人会来回在他们之间传话，直到双方有满意的结果为止。如果经过大量工作，双方还是不满意，石牌头人便对他们说，这事我解决不了，你们自己通过开打对方来解决吧。当然，双方家族开打也是在一定的规矩下进行的。

如果说石牌制主要是维持传统的习惯法，那在费孝通和王同惠记载的一起土地纠纷里，体现的则是习惯法在外面政治经济或者外来人口进入的情况下所出现的紧张和冲突。在大瑶山，土地属于花篮瑶、坳瑶和茶山瑶这些地主族团，因为他们进山比较早，抢先占据了这个地方。而晚入山的板瑶、山子和汉人只能做他们的佃户，这些人也叫做"过山瑶"。

在费孝通和王同惠调查的1935年，国民党已经收编和占领大瑶山，对其实行屯边政策，越来越多的汉人进入瑶山。有一家过山瑶租种地主瑶的土地，除了交租，也负责帮他家祭祀这块土地上的神灵。后来一家汉人又从过山瑶手里买了这块土地,而这块土地的主人地主瑶前来收租,这家汉人表示拒绝。他们的理由是这块土地是从其他人那里买的。直到费孝通夫妇调查的时候,这个纠纷还没有得到妥善解决。

尽管费孝通和王同惠在大瑶山的田野调查只有两个多月,但由于是夫妇二人合作,所获得的材料还是相当的丰富,这尤其体现在《桂行通讯》中。他们遵循了从当地人的视角出发这一原则,也提供了很多和当地人打交道的经验。最后的成稿《花篮瑶社会组织》,既涉及维持当地民族习惯法的石牌制,也注意到习惯法在外来政治经济和人口迁徙下所出现的紧张和冲突。而后面这个主题正是马林诺夫斯基的民族志所忽视的。

(三) 当代中原地区的法律民族志

以我自己的研究为例,让我们把时间从近代转到当代,地点从民族地区转到中原汉族地区。我的田野调查地在中原地区嵩山东麓的高台村,调查时间从 2007 年到 2010 年,一共四次,12 个月,调查对象是当地一个成立于 2000 年的乡村文艺社。这次调查最后的成果是我在奥斯陆大学获得博士学位的论文《嫁接:戏曲与妇女法在中国农村的转译》(Grafting: Opera and the Translation of Women's Laws in

Rural China)①。它探讨21世纪头10年地方政府与跨国妇女民间组织通过发动农民演戏来传播中国妇女法与国际妇女人权法的过程。

　　2007年7月我从北京大学社会学系毕业,取得人类学硕士学位。那时,我已经获得到奥斯陆大学跟着白苏珊教授攻读人类学博士的机会。该年夏天,我跟着白老师到山东聊城农村做田野调查。在和她讨论博士学位论文选题的时候,她建议我研究河南登封一个农民协会。白老师去过并认识那里的负责人,认为农民用演戏的方式来宣传法律的现象很值得研究。该年9月,我到这个协会进行了半个月的前期调查,很快发现这个协会是三合一的:祭祀村神为核心的社,宣传国家法律的文化协会和推广国际妇女法的草根协会。回来后,我写了十五页的前期报告。在2008年1月到了奥斯陆。

　　在接下来三年多的时间里,我又去这个地方做了三次的田野调查,其中有两次时间分别在四五个月左右。我一直住在一个姓燕的叔叔家里。他六十岁左右,是这个协会的成员,主要任务是拉二胡。他与老伴和女儿女婿,还有两个外孙女住在一起。他家房子比较宽敞,我每天同他们一块吃饭。燕叔在周围有一定的名望,我每次出去调查都是住在他们

---

① Yin Tao, Grafting: Opera and the Translation of Women's Laws in Rural China (Olso: Reprosentralen, 2019).

家,其他人便很快对我熟悉了。我和协会的会长霞姐的关系也很要好。霞姐原是该村的妇女主任,由于她后来成立文艺社,镇里的干部看中了她的能力,给她提供了到镇政府工作的机会。另一位对我田野调查影响比较大的是协会的理事长老于,我叫他于伯伯。他有初中文化,曾在登封供销社工作,退休后和是农民的老伴一起生活。在二十世纪六七十年代,老于曾是大队毛泽东思想宣传队的副导演,负责剧本写作以及戏曲排练等等。从他那里,我了解到了当前普法宣传和革命时期政策宣传的连贯性。

在参与观察和从当地人的视角出发这些基本方面,这次田野调查与其他人并无不同。但有两个地方算是比较特别的,我称之为"多次田野"和"文献收集"。首先,在同一个地方针对同一问题前后几次做田野调查,即"多次田野"。从收集材料上来说,这种方法有它的好处,可以补充之前没有注意到的材料。1950年代以前,西方人类学家到非洲、拉丁美洲以及大洋洲做调查,由于距离遥远,路费开销很大。在做调查之前,他们得申请一大笔经费,并做衣物、药品、礼物等方面的精心准备。但田野调查结束之后,很难有机会再返回,比如马林诺夫斯基就没有返回特罗布里恩德岛。一旦返回,有些没有了解到的材料和没有解决的疑问,几乎不可能再回去观察和询问当地人了。

从与当地人建立信任来说,"多次田野"也有它的长处。

参与观察与访谈、问卷调查有区别，它强调的是晚年费孝通经常提到的"体悟""意会"。我们的调查对象不是物体，而是和我们一样有血有肉的人，需要时间来建立彼此间的信任感。传统的田野调查要求一年以上时间，但也存在一个问题，当地人可能会觉得你调查结束之后，不再回来。人类学家进入别人的地方，当地人对你有所关心，也期待和你有往有来。"多次田野"的优点在于让当地人意识到，你不是功利的人，随时可能再回去。有了这个信任基础，他们会觉得对你的帮助，是值得的。回想起来，我"无心插柳"所进行的"多次田野"，极大地促进了当地人对我的信任。2010年夏天，我再回高台村，燕叔到岔路口用摩托车接我，好几个人都说，"你回来了"。燕叔提醒我，你看大家都说"你回来了"而不是"你来了"。他跟我说，"早晚回来这里就是你的家"。田野调查不是"一锤子买卖"，讲求"将心比心""真心换真情"。直到现在，逢年过节，我都会跟田野中关系要好的长辈打电话。不是为了再搜集材料，而是人与人之间的相处而产生的感情需要。

其次，在田野中我注重文献材料的收集。我研究的协会涉及地方、国家、跨国民间组织之间的三重关系，尤其是国家和跨国组织如何发动农民演戏来宣传各自法律的过程。其中，剧本生产是关键。最有趣的莫过于在老于家发现的材料。有一天，他从昏暗卧室的橱柜里搬出一摞材料。我发现协会的核心剧目有两个版本,一个是宋体的打印本,叫《山花》;一个是皱巴巴的钢笔手写稿,叫做《张家的故事》。我仔细比较了这两个版本的作者意图、内容等差异,由此追溯到不同剧本中所体现的法律嫁接关系。

我的研究也包括在演出之后,观察各方的反应情况。如果是当地村民,可以通过访谈来知道他们的感受。但如果是外来机构,有时候并不是那么方便直接访问他们个人。那些机构对于该协会的报道就尤为关键。这些报道或者通过官方的电视、报纸的形式,或通过网站文章的形式出现。我把这些文本一一收集起来,最后写博士学位论文时,都用上了。最后一章"单一协会,不同叙述"借用黑泽明在电影《罗生门》里的叙述手法,分析了各方如何从自身的角度,将涉及多重要素的协会的事实,裁剪成了自己理想的状态。

基于 12 个月的田野调查和相关文献材料,以及长达 10 年不断思考,我于 2019 年完成了博士学位论文,拿到了博士学位。在这篇论文里,我探讨了媒介人物(broker)和戏剧在桥接、转译外来法律与地方道德、法律的过程中扮演着关键角色。受嫁接园艺的启发,我提出法律(文化)嫁接这一概念,其寓意是指不能孤立地研究法律或文化,将其视作密不可分的整体,而是应该看其交错机制以及在具体的情境下它们如何被特定的人物分开和重组。这一过程不仅包括观念的嫁接,也涉及沟通工具如戏剧的运用和时间地点的正确选择。该论文尝试对人类学乃至社会科学里既有的文化遭遇和法律遭遇理论进行反思性补充。

这里我以该协会表演的一出计划生育宣传剧《称妈》为例来看不同的法律之间是如何嫁接的。它讲的是一个妇女的丈夫早逝,她含辛茹苦地把三个儿子拉扯大,在把他们的婚姻周全后,三个儿子却不愿意赡养母亲的故事。在舅舅的调解下,每家轮流一月赡养母亲,并且规定月末由舅舅来给老妈称体重,如果重一斤,所在的家庭就能奖励50元,反之则罚款50元。当舅舅来到老二狗蛋家的时候,老二为了多获奖励,用猪尿包装上水,绑在老妈身上,骗她说这是从医院里带来的磁化水,对身体有好处。当舅舅给姐姐称重的时候,尿包漏水,老二夫妇的阴谋败露,被舅舅教育批评。舅舅最后呼吁道:"都别向俺姐学习,俗话说的好,子女不在多,一个胜十个。"

从国家的视角来说,过多的人口已经成为中国实现现代化,实现中华民族伟大复兴的巨大阻碍。因此,"控制人口数量、提高人口素质"成为基本指导方针,而每一个家庭都应该为国家现代化这一宏伟目标做出自己的贡献。可是,计划生育关于独生子女的政策和农村传统的养老体系有冲突。汉族的农村实行的是父系和从夫居制度,也就是说,父母的财产如房子和土地必须遗留给儿子,而女儿必须外嫁到其他人家里。与此相关,养老也就成了儿子们的共同责任。费孝通将这种养老体系称之为"反哺模式",以区别于西方的"接力模式"。前者指在父辈和子辈之间有一种互惠关系,父母年轻的时候抚养儿子,而儿子长大之后反过来承担赡养父母的责任;而西方的家庭模式更多像运动场上的接力比赛,子辈不用对父辈的养老负责,只需抚养下一辈子女即可。

由于计划生育政策和农村传统孝道观念之间的巨大差异,在推广计划生育政策的时候,地方政府工作人员也面临两难,如果完全只是讲计划生育如何好,那么当地农民会反感甚至厌恶;如果完全去谈当地的孝道观念,又达不到宣传的目的。唯一的办法,就是实行外来法律和地方文化的嫁接。

从内容上讲,《称妈》里包含两重观念:一重是关于孝道的传统观念,从传统的孝道逻辑来说,三兄弟不赡养父母的行为应该受到批评和教育。剧中着重描述的是老二及其媳妇不孝母亲,甚至想出诡计试图从舅舅那里多获奖励。因此,按照中国传统戏剧的基本结构,也就是惩恶扬善的角度,当狗蛋的诡计败露,舅舅批评他后戏剧就应该结束了。

另一重是计划生育的逻辑,计划生育强调只生一个好。尽管计划生育的话语一开始没有出现,但是小品最初的介绍内容,即一个老年妇女生了三个儿子居然都得不到妥当赡养这一事实的潜台词是,多生子女没有用。孝道观念和国家政策这两套逻辑终于在舅舅的口中得到了嫁接,"子女不在多,一个胜十个"。在这里,只有三个儿子首先成为村庄孝道的反面典型，才可能成为国家计划生育所要"计划掉"的对象。《称妈》的这个逻辑，和《白毛女》的逻辑是基本一样的，黄世仁首先成为违背村庄伦理道德的负面人物后，才可能成为国家的阶级敌人。

我在中原汉族地区所做的田野调查，有两个方面有别于传统田野调查，即"多次田野"和"文献收集"。多次田野有助于补充资料和与当地人建立信任感，文献收集主要源于我的研究主题不只是局限于村庄内部，也涉及国家和跨国组织。在此基础上完成的法律民族志，思考的不是一个社区内部同质的法律观念和纠纷解决方式，而是不同法律之间的传播和互动，以及在这之中翻译者和沟通技术所起的重要作用。

结 语

我们首先讲了现代人类学里田野工作开创者马林诺夫斯基的相关倡导，和他所写作的法律民族志。接着以涉及古代异域、近代民族地区和当代中原汉族地区的三本中国人写作的法律民族志为例，意在说明，在马林诺夫斯基之前，已经有类似的田野调查和法律民族志。在他之后，田野调查的方法也会有所拓展，会涉及在同一个地方的"多次田野"或者不同地方的"多点田野"。与部落社会不同，当代田野注重文献资料的收集。在研究内容方面，不仅要注重社区内部同质的习惯法和纠纷解决,更要注重习惯法在大的政治经济背景下,不同法律之间的互动、冲突、交融和翻译等等。

法律民族志思考的不是法理学家关注的理想法律何为的问题,而是法律的社会实践问题,把法律放在更大的社会文化和政治经济背景下进行研究。任何一门学科都有自己作品的生产流程。对于法律人类学家而言,首先要进行的是长期的田野调查,进行资料的收集,然后再进行理论对话,从而提出自己的观点。理论和材料缺一不可。如果只有材料没有理论,那么材料就是材料,不会发光发热。如果只有理论没有材料,则可能会陷入空谈的境地。

将已有的研究和自己的材料进行比较,看自己的材料与前人的观点的异同,是否可以补充,甚至纠正。在观点大致成型时,剩下的就是写作。写作是最后一步,但也可能是最关键的一步,因为"行百里者半九十"。很多人空有一堆材料,有很好的想法,就是不能落实到写作中,或者不知道怎么写作。这非常可惜。古人讲,"言之无文,行之不远"。写作不只是呈现观点和材料,而是直接影响你的内容本身。写作是一门手艺,需要专门的训练和学习,包括理论对话、材料呈现、观点提出等等。如何使得你的写作有生动的感觉,而不是干瘪的事实罗列,十分重要。时间有限,涉及到的方面太多,不可能在今天细说,期待以后和大家继续交流。不足之处,请大家多多批评指正。

答疑与互动

提问一：请问大瑶山的石牌制度是不是专制性的，是不是不符合现代社会发展的要求？

回答：总体上来说，我倾向于费孝通和王同惠的观点，就是一个民族的习惯法有自己相当的合理性。石牌头人是"有德者归之"，是群众们选出来为大家办事的，既非世袭，也非终身，讲求办事公平、合理，否则就会被替换掉。如果我们动辄站在外人的视角，用"专制"这种语言，就会随意地给当地人扣帽子。

提问二：请问在法律民族志中，如何理解作者的社会分类和当地人的社会分类可能并不一样？

回答：这个问题在一定程度上是合理的，就是说当地人未必这样去划分。具体到法律现象而言，当地人未必把法律作为一个单独命题加以关注。但是，我们做研究和书写，总要框定一个范围，不可能把什么都写上去。"道可道，非常道"，能写的东西总要聚焦，不然写出来会很乱。所以一定要有所侧重。

提问三：请问在都市中进法院和在其他地方进行的短期考察算是田野调查吗？

回答：我觉得算是广泛意义上的田野调查。传统意义上的田野调查要求的时间比较长，至少一年。你说的这种去了几天就回来，新闻采访的色彩更浓一些。当然，都市的田野调查和村庄的田野调查有别，你在城市里做调查，别人一般不会让你长期住到他家里，时间会受到限制。不过，不管哪种形式的调查，也不论时间长短，去亲自看看总是有益的。同时，无论什么调查，"感同身受"和"将心比心"是基本原则。如果只是为了收集材料，结束后就走人，这样的调查是很有问题的。

题外话　什么不是法律人类学？

刘振宇

原本想以"开端"的故事作为"结尾"的絮语，毕竟2020年的开端火锅犹在眼前，围炉夜话，生活如沸，包容而纯粹。但这一想法刚一冒头就遭遇了"无情的否决"。否决的理由，既简单又复杂。简单不过是：人不能太犯懒，尤其是在业已呈现给诸君的精彩文稿面前，用一篇三年前的网文凑数，过于"划水"了。而复杂的说法则是：白驹过隙，不经意间，三年已为陈迹，下一个三年乃至更多的三年正在步入当下并不断涌现；彼时的开端不再是此时的开端，每一次新的行动都将开启一个新的开端，好比这本《什么是法律人类学》的付梓。

本书的书名，很有意思。它极易给未谙世事的读者们造成一种显而易见的错觉，就是，读罢此书，便获得了关于"什么是法律人类学"的知识。这一期许，可能要落空了。在我看来，这绝非作者的本意，否则题目的拟定，效仿奥斯丁的《法理学的范围》改为《法律人类学的范围》或者效仿哈特的《法律的概念》改为《法律人类学的概念》更为妥帖。此类措辞不仅更为直观而清晰,同时也充满了向前辈致敬的意味。毕竟,这是一本法律人类学的书籍,而非一本人类学的书籍。法律,是它的特色,并且应该是它的本质。乍看起来,这种学科属性的限定,好像就很不法律人类学,因为本书的作者们在多个时空场域给出了友善的提醒,不能因"学科"二字固步自封而遮蔽面向丰富日常生活的观察。但是,这一表述依然是必要的,因为,在以人类学的视角观察法律之时,只有人类学而没有法律人类学;在以法学的视角观察人或人类之时,只有法学而没有法律人类学。当人类学以法学的视角观察法律之于人或人类时,它就遗憾地落入了法学的领域,毕竟,法学固有的"合法/非法"判定方式在第一时间就消解了日常生活的丰富性。而只有当法学以人类学的视角观察法律之于人或人类时,法律人类学才得以产生,因为此时,人类学的介入式观察就拥有了超越"系统/环境"藩篱(如果确实存在这一藩篱的话)的理论可能性和现实可行性。

当然,本书的书名,确实也有必要规避《法律人类学的范围》或者《法律人类学的概念》这样一种表述。因为无论是《法理学的范围》还是《法律的概念》的关注点都是法规范,尽管它们之间(以及由其引发的诸多理论争议)存在一定的内部分歧。在这一视角下,"人"或者"人类"都是不存在的。此处的"不存在",不是"不存在研究者视角",也不是"不存在介入者视角",而是"不存在法规范和人或者人类的互动视角"。法规范就是法规范。法规范的创生,是人受限于法规范而设立的;法规范的适用,是人受限于法规范而运行的。人或人类和规范一样,不过是语言的载体;而规范自身形成了一个以语言为载体的闭环。这一闭环将"所谓的法规范"排除出去,达成法规范的内部和谐统一;这些"所谓的法规范",包括但不限于道德、伦理、习惯等。人或人类,恰好是这些"所谓的法规范"的制造者,对于法规范自身来说,是全然冗余的。在这个意义上,对于法规范来说,法律人类学是更为边缘的冗余:不仅研究这些"所谓的法规范",还将这种"所谓的法规范"对行为的指引作为研究对象。只不过,在明确了法律人类学以法学为特征且应该以法学作为其本质属性的前提下,相对应的推理也是成立的:法律人类学不是也不可能是通常意义上的法规范研究,它天然地和法律实证主义及该脉络衍生的其他法规范理论存在差异。

那么,能否就此认为除法规范这一脉络之外的其余法学领域都属于法律人类学呢?答案是否定的。在一般法理论中,对于"人"或"人类"的理解,是抽象的、作为类存在的"人"或作为所有具体个人的集合体之外的抽象指称。比如,作为法律关系主体的"自然人""公民"或者法律拟制的其他主体,诸如法人、非法人组织等。与之不同,法律人类学中的"人"或"人类"却是具体的、个别化的个体。尽管这一具体的、个别化的个体可能会以群体的方式显现,但这一群体依然不过是个体的简单聚集与日常互动导致的,而非抽象的虚拟实体,只是恰好,生存在同一具体化的场景中的诸多个体基于生存本身带来的互动的多频性,使之被称为"某一群体",而和低频互动的其他个体予以区分罢了。在这一特定的具体化场景中,个体的生存通常被限定了一些不可避免的事实性因素,最常见的莫过于资源的有限性,进而影响了在这一具体化场景中生存的个体的行为选择。此时,法规范,是诸多个体行为选择的结果,而非他们行为选择的原因,尽管当一种法规范产生之后,它会成为具体个体后续行为选择的原因之一。这就意味着,每一个体的行为选择的结果并不必然会被后续法规范以"合法"的方式记录下来;"非法"或"法外"的记录方式依然会带来潜在的、关于"合法"的判断。进而,指向抽象主体的法理论不是法律人类学。

可是,这是否就已经回答了"什么是法律人类学"的问题呢?答案或许依然是否定的。"什么是法律人类学"和"什么不是法律人类学"构成了一对矛盾关系,在这个意义上,"什么不是法律人类学"的答案和"什么是法律人类学"的答案确实是相通的。但是,尚不能简单地认为,将重心从法规范转移到人身上且这一人是具体的人这两个限定条件就足以明确判断"什么是法律人类学",尽管它们可以判断"什么不是法律人类学"。但好在这一粗略的探索,起码为寻求"什么是法律人类学"的答案排除了错误选项(尽管只是我个人认为的错误选项)。一般来说,在单项选择题中,总有两个答案是基于直觉或常识的认知就可以排除的,以上的两个判断标准大体上就可以归为直觉或常识。但问题从来就不在于这两个答案,而在于另外两个答案中。在另外那两个具有几成相近的选项中,如何发现那个正确的选项或者排除那个错误的选项?这就需要一种方法,一种不同于直觉或常识的方法。作为一种方法,虽然它没有办法直接告诉不知道答案的答题者,这道题的正确答案具体是什么,但是,却可以让答题者在答题纸上填写这道题的答案是什么,且这一答案是具体的、正确的。本书便是这样一种方法的合集。作为"第二届法律人类学研习营"暨"法律人类学的方法"系列讲座的演讲稿,为何会命名为《什么是法律人类学》而非《什么是法律人类学研究方法》,或许答案就在于此:当一个人掌握了法律人类学研究方法之后,他或她所找到的答案,就是属于他或她的"什么是法律人类学"的答案。

这一答案,是个体性的答案,依然并非"什么是法律人类学"的答案。这或许是现代性带来的必然的无奈:我们尝试塑造主体,但主体已死;我们尝试寻求具有确定性的答案,但不确定性才是永恒的陪伴。这或许就是作为人的理性的限度，即便作为类存在的人的理性可以认为是无限的，但那绝非具体个人作为个体的有限理性的叠加。作为试图研究法律人类学的个体，有必要认识到这一具体化场景生存中的事实性限定。于是，那个整全的"什么是法律人类学"的概念或许不再重要。只要遵循本书的这些方法，每个人眼中或许都会有不同的法律人类学，不同的人眼中或许也会有相同的法律人类学，这构成了当代中国"什么是法律人类学"这一问题的魅力所在，并构成了本书最大的贡献（没有之一）：遵循这些方法，每个人做每个人自己的法律人类学，在每一个人的法律人类学研究中，闪烁着"什么是法律人类学"答案的吉光片羽。与此同时，也有必要意识到，六次讲座虽然未能（也无法）穷尽法律人类学研究的方法，但这些方法都是从事法律人类学研究的必要方法。在这个意义上，本书的第二大贡献或许便是：即便读者最终未能踏入法律人类学的研究领域，但读者可以凭借本书去判定，那些不运用这些方法的人做的"不是法律人类学"。

至此，"什么不是法律人类学"的答案愈加明晰，而"什么是法律人类学"的答案依然在风中飘荡，但，那又如何呢？

后 记

刘顺峰　王伟臣

本书是根据法律人类学云端读书会于2023年1月28日至2月3日举办的"第二届法律人类学研习营"暨"法律人类学的方法"系列讲座的演讲稿修改完成的。

本次系列讲座共有六位主讲人,除了我们,即上海外国语大学法学院的王伟臣与湖南师范大学法学院的刘顺峰,还有复旦大学法学院的熊浩、重庆大学人文社会科学高等研究院的孙旭、贵州民族大学法学院的郭婧以及哈尔滨工程大学人文社会科学学院的尹韬。其实,我们这几个人的知识背景与学术旨趣有着很大的差异,比如,有的是法学出身,有的是人类学背景,有的主要从事田野研究,有的擅长理论梳理,但对法律人类学的共同热爱将我们会聚到了一起。

在设计演讲题目时,我们也是思索良久。一方面,要发挥各自的特长,讲最想讲也最有能力讲的话题;另一方面,六场讲座在逻辑上要具有连贯性,要成体系。所以,这些专题虽然名义上围绕着"方法"展开,但却涵盖了学科性质、发展脉络、研究对象、研究方法、基本观点,以及如何适用于当前中国本土法治实践等中外法律人类学基础问题，大致勾勒出了这门学科的知识框架，更回答了"什么是法律人类学"这一本体论问题。

感谢云南大学法学院张晓辉教授惠允为研习营系列讲座做特邀致辞，并欣然同意将演讲稿增列为本书的"序一"。感谢甘肃政法大学民商经济法学院韩宝老师与上海师范大学哲学与法政学院刘振宇老师主持研习营的开幕式与闭幕式，也感谢他们为本书撰写了"序二"与"题外话"。感谢韩宝老师提出将演讲稿结集出版的建议。感谢湖南师范大学硕士研究生谢思思、王宁，甘肃政法大学硕士研究生欧玥皎以及贵州民族大学硕士研究生张宇翔四位同学在研习营期间的辛苦付出。谢思思同学还仔细阅读了全书初稿，并提出了若干形式上的修改建议。感谢北京大学出版社杨玉洁老师的鼓励和帮助。感谢林婉婷博士细致而专业的编辑工作。感谢上海工艺美术职业学院刘豆豆老师绘制本书的插图。

最后，要感谢来自海内外130多所高校的344名"第二届法律人类学研习营"的学员。没有你们，也就没有这本书。

我们希望，有更多的年轻学子能够通过这本书走入法律人类学的世界！我们期待，此书能为深描法治中国贡献些许法律人类学的经验与智慧。

2024年5月11日

图书在版编目(CIP)数据

什么是法律人类学 / 刘顺峰,王伟臣主编. --北京:北京大学出版社,2024.7
ISBN 978-7-301-34970-0

Ⅰ.①什… Ⅱ.①刘… ②王… Ⅲ.①法学—人类学 Ⅳ.①D90-059

中国国家版本馆 CIP 数据核字(2024)第 071985 号

书　　　名	什么是法律人类学
	SHENME SHI FALÜ RENLEIXUE
著作责任者	刘顺峰　王伟臣　主编
责 任 编 辑	林婉婷　任翔宇　方尔埼
标 准 书 号	ISBN 978-7-301-34970-0
出 版 发 行	北京大学出版社
地　　　址	北京市海淀区成府路 205 号　100871
网　　　址	http://www.pup.cn　http://www.yandayuanzhao.com
电 子 邮 箱	编辑部 yandayuanzhao@pup.cn　总编室 zpup@pup.cn
新 浪 微 博	@北京大学出版社　@北大出版社燕大元照法律图书
电　　　话	邮购部 010-62752015　发行部 010-62750672
	编辑部 010-62117788
印 　刷　 者	涿州市星河印刷有限公司
经 　销　 者	新华书店
	880 毫米×1230 毫米　A5　7.375 印张　138 千字
	2024 年 7 月第 1 版　2024 年 7 月第 1 次印刷
定　　　价	59.00 元

未经许可,不得以任何方式复制或抄袭本书之部分或全部内容。
版权所有,侵权必究
举报电话:010-62752024　电子邮箱:fd@pup.cn
图书如有印装质量问题,请与出版部联系,电话:010-62756370